道徳科授業の
ネタ&アイデア
100
小学校編

田沼茂紀 編著

はじめに

　2018年度，小学校は道徳科新時代の夜明けを迎える。これからどのような「特別の教科　道徳」＝道徳科のスタートが切られるのであろうか。とても楽しみである。特別の教科である道徳科が新たにスタートしたら，全国の小学校の各教室でどのような素敵で力強い道徳科授業が展開されるのだろうかとワクワクしてくるのは編著者一人ではないだろう。

　これから始まる道徳科授業，これまでの「道徳の時間」のよさを引き継ぎ，さらにこれまでとはひと味違う，子どもたちにとって待ち遠しくなるような素敵な道徳科学習が待ちかまえているに違いない。想像してみるだけで，とても幸せで満ち足りた輝かしい未来予想図が描けてくるのである。新たに道徳教科書も導入されるが，子ども一人一人の夢が膨らんでくるような道徳科授業にぜひともしていきたいものである。そんな夢が実現するための一助になればと願って本書が企画され，全国の実践家の協力を得てここに刊行することができたことにまずお礼を申し上げたい。

　しかし，不思議なものである。学校教育において子どもの人格形成に直接的に寄与できる，教育者にとっては何よりも本懐であるはずの道徳授業は，これまで往々にして不人気であった。編著者が数年前に実施した小学校教師の意識調査でも，苦手の筆頭が道徳の時間であった。それは大学の教職課程での必要単位数の問題や指導専門性の深さという点で不十分なことも否めないが，それ以上に忌避傾向が先行している現状があるのではないだろうか。だから，いきなり教師が道徳教材を範読し，矢継ぎ早に発問を繰り返すような，子ども不在の授業が横行しているような実態も少なくなかったのである。

　教師主導で授業が進んだり，教師の視点のみで発問や指導法を工夫したりしても，子どもには道徳を学んだ記憶すら残らない。この笑うに笑えない唇寒い状況が，少なからぬ教室で散見されたのも事実である。子どもが道徳的問題を自分事として受け止め，自分を見つめたり，道徳的価値を見つめたり，

自分の在り方や生き方を見つめたりする時間にならなければ，本来的な道徳学習とはならない。道徳が教科となっても，教師主導の授業展開では道徳科が目指す教育成果は期待できないであろう。

　道徳科授業の基本的な考え方としては，学校の教育課程に位置づけられた全ての教育活動と密接に関連づけながら，計画的・発展的に指導していくことが大切である。それは偶発的な要素を取り込むことで授業を成立させるといった発想ではなく，学習指導要領で意図する「社会に開かれた教育課程」で「生きる力」を育むという視点に立ち，道徳的な資質・能力をしっかりと身につけさせていくという教育的前提がなければかなわないことである。そんな立場で従前の「道徳の時間」を振り返ってみると，「主題やねらいの設定が不十分な単なる生活経験の話合いや読み物の登場人物の心情の読み取りのみに偏った形式的な指導が行われていたりする例がある」とこれまでの指導の在り方とその教育効果を一刀両断にした中央教育審議会答申「幼稚園，小学校，中学校，高等学校及び特別支援学校の学習指導要領等の改善及び必要な方策等について」（平成28/2016年12月21日）の見解が切実感を伴って胸に響いてくる。

　本書では，これから始まる道徳科の趣旨を真摯に受け止め，子どもの主体性を大切にした道徳科学習が実現されるよう，豊富な経験を有する実践家のアイデア宝箱を少しずつ公開してもらっている。その中には，明日からの授業をどうするかという喫緊の課題克服のヒントも含まれているに違いない。それらアイデア宝箱の事例を活用してみたら，つい敬遠しがちだった道徳科授業が劇的に変貌することだってあり得るに違いない。教師が変われば子どもたちも必然的に変わってくる。教師が道徳科授業で子どもたちにきちんと向き合って語りかけるなら，子どももそれに呼応するに違いない。教科教育では指導の制約から問うことができにくい人間としての在り方や生き方を真正面から取り上げ，語ることができる道徳科授業，その特質を大切にしながら，全国の教師に本書を参考にチャレンジしていただきたいと願っている。

（田沼　茂紀）

CONTENTS

はじめに

第1章 「考え,議論する」道徳科授業づくり

1 これからの「考え,議論する」道徳科授業づくり ……………… 12
　　その授業で子ども一人一人が輝いているか
　　子どもが「考え,議論する」先には納得解がある
　　道徳科では指導過程論から学習プロセス論へ発想転換しよう
　　子どもの瞳輝く課題探求型道徳科授業をどう創出するか
2 道徳科授業づくりのためのネタ＆アイデアの考え方 ……………… 16
　　導入の役割を踏まえて子どもの学びを方向づける
　　教材＆教具を活用して自分事として接点をもたせる
　　話し合いの意図を踏まえて子ども自身の問いを引き出す
　　板書の効果的な活用を通して子どもの思考を深める
　　ノートやワークシートで自己を見つめさせる
　　終末で子どもの日常的道徳生活との接点をもたせる
　　説話を通して未知の世界を拡げる

第2章 「考え，議論する」道徳のネタ＆アイデア100

導入のネタ＆アイデア

1	事前アンケートでつかむ	24
2	読書活動とつなげる	25
3	動画でイメージさせる	26
4	新聞記事からリアルな課題意識をもたせる	27
5	クイズで知的好奇心をくすぐる	28
6	ポスターで心に残す	29
7	展開後半につなげる導入を行う	30
8	言葉からイメージを広げる	31
9	心の中をあらわす顔絵をつかう	32
10	効果音をつかう	33
11	不確かなことをはっきりさせる	34
12	簡単なことを考えることから始める	35
13	始めと終わりの問いを同じにする	36
14	他教科の学習とつなげる	37
15	登場人物の把握と導入をセットで行う	38
16	実物に触れてみる	39

教材提示のネタ＆アイデア

17	範読する	40
18	ペープサートを活用する	42

19	紙芝居を活用する	44
20	ＩＣＴを活用する	46
21	動画でイメージを豊かにする	48
22	パネルシアターで子どもの心をつかむ	50
23	印象的な一部分を抜き出して提示する	52
24	場面絵を活用する	54
25	効果音をバックにして提示する	56
26	補足説明を効果的に使う	58
27	ビデオ教材を活用する	60
28	小道具を活用する	62

話し合い活動のネタ＆アイデア

29	話し合い活動のルールを定める	64
30	話し合い活動の下地をつくる	65
31	聞き方を高める	66
32	ペアトークを効果的に取り入れる	67
33	話し合い活動を活発にする「問い」を用意する	68
34	グループトークを効果的に活用する	69
35	座席を工夫する	70
36	司会カードを活用する	71
37	討論形式で深める	72
38	異なる考えの児童同士のグループトークを仕組む	73
39	ジグソー法を活用する	74
40	身につく力を自覚する	75

CONTENTS ◆ 7

板書のネタ＆アイデア

41	横書きでダイナミックな流れをつくる	76
42	子どもたちの意見をウェブにまとめる	78
43	二項対立とその解決策を位置づける	80
44	ネームプレートを活用する	82
45	道徳的諸価値の関連を示す	84
46	学習テーマを中心に位置づける	86
47	場面絵を活用する	88
48	教材に関連する資料を活用する	90
49	ラベリング・ナンバリングを活用する	92
50	吹き出しを活用する	94
51	イラストを活用する	96
52	格言や名言を活用する	98

ノート＆ワークシートのネタ＆アイデア

53	道徳ノートをつくる	100
54	道徳ノートと付箋紙を活用する	102
55	巨大付箋紙で子どもたちの黒板をつくる	104
56	道徳ノートで家庭と学校をつなぐ	106
57	道徳的問題の解決シートを活用する	108
58	体験的な学習から価値の理解を深めるシートを活用する	110
59	生き方を考え続けるシートを活用する	112
60	自らの成長を実感するシートを活用する	114

終末のネタ＆アイデア

61	導入の問いを終末でもう一度行う	116
62	話し合った学びを生活へ広げる	117
63	教科書から仲間のお話を見つける	118
64	『私たちの道徳』の「コラム」を読む	119
65	「コラム」を書く	120
66	「いいね！ノート」で多面的・多角的な思考を促す	121
67	「いいね！ノート」報告会を行う	122
68	教室に「学びの足跡」を残す	123
69	「道徳標語コンテスト」で学びを日常の中へつなげる	124
70	「道徳カルタ」で楽しみながら道徳を学ぶ	125
71	魅力ある教師の説話①自分を語る	126
72	魅力ある教師の説話②教師の宝物を用いる	127
73	手紙に思いを込める	128
74	家庭・子ども・教師で対話する	129
75	子どもに身近な人物をゲストティーチャーにする	130
76	○○さんにインタビューする	131

教具のネタ＆アイデア

77	風呂敷を使って先人の知恵を実感する	132
78	聴診器を使って命の大切さを実感する	133
79	赤ちゃん人形を使って命の重さを実感する	134
80	音楽の力で感動を高める	135
81	場面絵で状況や心情の把握を促す	136
82	映像を活用する	137
83	お面を役割演技に生かす	138

CONTENTS ◆ 9

84 サケの飼育，放流を通して自然や動植物との関わりを考える · 139

85 海岸漂着物を通して，自然環境保護に対する関心を高める …… 140

86 ポスターを通して人権について考える …………………………… 141

87 写真集を通して，自然の美しさ，不思議さを感じ取る ………… 142

88 すごろくで「和食」と年中行事を結びつける ………………… 143

説話のネタ＆アイデア

89 ことわざを生かす（十人十色）………………………………… 144

90 ひたむきに取り組む姿を伝える ……………………………… 145

91 ていねいな言葉遣いを考える ………………………………… 146

92 考え，決定する力について AI を通して考える ……………… 147

93 「友達っていいな」を感じる歌を歌う ………………………… 148

94 協力し合ったことで得たものを考える ……………………… 149

95 「みんなのために」を実感する ………………………………… 150

96 「学校を愛する心」を考える …………………………………… 151

97 動植物の世話をイメージさせる ……………………………… 152

98 一人一人のよさを生かす ……………………………………… 153

99 豊かに想像させる ……………………………………………… 154

100 生命の神秘を感じさせる ……………………………………… 155

おわりに

第 1 章

「考え，議論する」
道徳科授業づくり

1 これからの「考え，議論する」道徳科授業づくり

その授業で子ども一人一人が輝いているか --------------------

　道徳教育研究の世界に身を置いての仕事柄，各地の研究推進校などで道徳授業を参観する機会も少なくない。授業参観，つまり観察するということは，「教授と学習」という教師と子どもとの双方向的な「学びの関係性」について分析的に理解するということでもある。このような視点がなければ，「このクラスは子どもと教師との人間関係がとても豊かですね」「発言こそ少なかったものの，子どもたちはそれぞれに本時のねらいを噛みしめていましたね」等々の愚にもつかないコメントでその場しのぎにお茶を濁さなければならないのである。

　これから始まる道徳科授業とて，同じである。子どもと教師とが道徳教材を介して真摯に向き合う「学びの関係性」について論ずる時，子どもが自らの自己探求課題として道徳的学びを求めて活躍する姿が手に取るように理解できたら，それはよい授業なのである。そして，そのような「主体的・対話的で深い学び」の場を構成しながら，子ども一人一人を能動的学習者（Active Learner）として位置づけていける教師こそ，これからのキーワードとなっている「考え，議論する道徳」を体現できる教師なのである。ここで言う「考え，議論する道徳」とは，子どもたちが口角泡を飛ばして自己主張し，相手の発言を封じ込めるため躍起になるといった意味では決してない。

　日常的道徳生活においてそれぞれに道徳的体験も道徳的知識も異なる者同士が，胸襟を開いて自らの道徳的なものの見方や感じ方，考え方を忌憚なく語り合えるような「協同的学び」の関係である。その語られる課題は共通であっても，個が導く結論は合意形成ではない個別の「納得解」である。

子どもが「考え，議論する」先には納得解がある -------------

これからの道徳科授業が目指す理想的な在り方は，従前の授業と本質的な部分では同じである。つまり，「道徳的価値についての理解を深めながら自己を見つめ，自己の人間としての生き方や在り方を見つめる」という授業意義と特質である。この特質は，これまでの教科外教育としての「道徳の時間」から，「特別の教科　道徳」＝道徳科へと移行しても，なんら変わるものではない。

ならば，道徳が教科になって何が変化するのであろうか。それは「個の内面的資質・能力としての生きて働く具体的な道徳力の育成方法が変化する」という一言につきると考えられよう。つまり，日常的道徳生活の中で子ども一人一人が道徳的実践を体現していくための，実効性ある個の道徳的資質・能力を形成するための指導観と指導方法論の転換がこれからの道徳科では求められてくるということである。

新たな道徳科を創出するための切り札となるのが，実効性を伴う道徳的資質・能力としての道徳性の育み方の転換であるとするなら，そのコンセプトはなにかと気になるところである。それは，教師が主導的に展開することが多かった「道徳の時間」での子どもの学習の仕方が，子ども自身の自発的意志力による「主体的・対話的で深い学び」へと転換するという一言につきよう。いわば，改まった学習としてのお仕着せ的な学びスタイルの傾向が強かった「裃を着た道徳学習」から，子ども自身による能動的な道徳的学びとしての「普段着での道徳科学習」へと学習観と学習指導方法論の転換を実現していくということである。

従前の道徳授業でよく散見されたのは，多くの人にとって望ましいとされる道徳的価値について合意形成して共有する「共通解」形成のゴールであった。しかし，大切なのは，その先の主体的学習者である子ども一人一人が自らの納得として道徳的価値を受けとめ，意味づける「納得解」の紡ぎである。

第1章　「考え，議論する」道徳科授業づくり　◆　13

道徳科では指導過程論から学習プロセス論へ発想転換しよう --

　従前の道徳授業は，その時間の主題やねらいについての検討が十分でなかったり，単なる生活経験の話し合いや読み物の登場人物の心情の読み取りのみに偏った形式的な指導で終わったりしているといった批判にさらされることが多かった。その要因は様々であろうが，予め決められた一定の授業スタイルに落とし込んで授業を構想する教師主導型「指導過程論」の呪縛から逃れられなかったということにつきよう。教師が意図した主題のねらいに向けて子どもに発問を矢継ぎ早にたたみかけるような授業では，子どもは決して受動的学習者（Passive Learner）から能動的学習者へ変身することなどかなわない。

　指導過程論の問題点は，内容項目を考慮せずに１時間の授業を導入→展開→終末の各段階でやるべき指導内容を固定化した指導パターンで進めることにある。そのメリットは，初任者でも，苦手な教師でも，パターン化して授業展開すればまがりなりにも授業が成立することである。しかし，これでは，いつまでたっても子どもは授業の中でお客様的存在でしかない。能動的学習へと子どもを誘うには，子ども一人一人が個別の道徳的学びの経験を学習プロセスに沿って積み重ねていくという「学習プロセス論」の発想に立脚した道徳科授業づくりが求められるのである。

　学習プロセス論の要諦とは何か。それは日常的道徳生活における経験や理解が異なる子どもたちが，教材という道徳的追体験を共有し，個別の視点を前提に協同思考活動を展開していくプロセスで，自らの道徳的気づきや共通解としての道徳的価値の共有，自分事に照らした納得解としての道徳的価値の紡ぎとさらなる自己課題の探求，という主体的な課題探求型道徳科学習を実現していくことである。

　このような課題探求型道徳科学習が成立するために必要不可欠なのが，本時の中心発問と表裏一体の関係性をもつ「共通追求課題」の設定である。個として「和して同ぜず」の協同学習を実現する肝である。

子どもの瞳輝く課題探求型道徳科授業をどう創出するか ------

　道徳科授業で子どもが他人事でない，切実な自分事として考え，同様に学ぶ他者としっかり向き合い，多様な価値観にふれながら自らの道徳的な見方・考え方を拡げていけるような能動的な道徳科学習を想定すると，下記のようなステップ学習としての「課題探求型道徳科授業」がイメージ化されてくる。

```
【課題探求型道徳科授業による学習プロセス】

ステップ①　学習テーマの確認と本時の共通追求学習課題の設定
⬇  ＊教師による学習テーマの提示と学習者全員での確認。
   ◆日常的道徳生活経験や道徳教材をもとに共通追求学習課題を設定。
ステップ②　協同思考・探求活動による共通解の形成と望ましさの共有
⬇  ◆みんなが納得できる望ましさとしての道徳的価値の追求・共有。
ステップ③　望ましさとしての共通解をもとにした個としての納得解の紡ぎ
⬇  ◆共通解を自分事としてどう受けとめ実践の見通しがもてるかの省察。
ステップ④　自己を高めるための新たな道徳学習課題の検討・設定
```

　子どもの道徳学習プロセスとして捉えると，「テーマの明確化」⇒「協同学習を進めるための共通追求学習課題の設定」⇒「協同思考・探求活動による共通解の形成」⇒「共通解に基づく個としての納得解の紡ぎ」⇒「次なる学びへの新たな学習課題の検討」といった授業展開の基本的な道筋が見えてくる。そこでのポイントは，「学習課題設定による共通解の形成と納得解の紡ぎ」という道徳的学びのプロセスのみを考慮すれば，小学校45分間，中学校50分間の道徳科学習をフレキシブルかつ多様な能動的学習活動として構成できるということである。つまり，子どもの道徳的な学びに寄り添った子ども自身の自発的意志による「主体的・対話的で深い学び」へと発想転換して道徳科授業を創造していくことにほかならない。教師の都合で構想する授業から，勇気をもって一歩を踏み出したい。

第1章　「考え，議論する」道徳科授業づくり　◆　15

道徳科授業づくりのための ネタ＆アイデアの考え方

導入の役割を踏まえて子どもの学びを方向づける

　子どもにとっての道徳科学習プロセス第１段階は「導入」である。子どもの側からすれば，その時間で追求すべき道徳的課題に気づき，興味・関心を高めることである。ならば，教師側からすれば，設定した主題のねらいに即しながら，その時間で追求すべき道徳的問題に気づかせ，興味を喚起し，学習集団全体の道徳的課題となるよう動機づける役割を担う部分が導入である。

❶能動的な学習イメージをもたせる

　導入の取り扱いについてはこれといったルールがあるわけではない。しかし，小学校45分間，中学校50分間というかぎられた１単位時間の中で能動的な深い学びへ誘おうとするなら，子どもが本時主題への見通しや道徳的課題への気づきといった能動的な学習イメージをもったり，学習プロセスを歩み出したりするための方法論的な見通しをもたせることが導入の使命となる。

❷追求すべき道徳的学習課題を明確にする

　本時で取り扱う学習テーマの提示は教師の仕事である。そこから本時で追求すべき学習課題やめあてづくりが開始されるのである。教師が「今日は本当の思いやりについて考えてみよう」とテーマを提示したら，子どもたちはぶれることなく「思いやりのどんなことが道徳的課題となるのか」と本時の必然性のある道徳的学びへの明確かつ具体的な動機づけをすることができる。

教材＆教具を活用して自分事として接点をもたせる ----------

　道徳科授業で子どもたちに提示する道徳教材は，子ども自身が自分を見つめ，それに連なる道徳的価値を見つめ，自らの生き方を見つめるための「鏡」であり，自らを磨き上げる「砥石」でもある。道徳教材を活用するのは，そもそも日常的な道徳経験量が違ったり，道徳的価値についての理解度が違ったりする教室の子どもたちに間接的な共通の道徳的追体験を感情体験で実現させることが目的である。そして，互いの道徳的問題に対するものの見方，感じ方，考え方という，いわゆる学習指導要領で言うところの「多様な見方，考え方」にふれる機会を意図的にもたせようとする点に意味があるのである。

❶道徳的問題と自分との接点をもたせる
　道徳教材をただ提示するだけでは，そこに含まれる道徳的問題に対する気づきや自分事として道徳的問題と向き合ってその背後にある道徳的価値と対話することなどかなわない。道徳教材中の内容が他人事，絵空事でなく，そこに描かれた道徳的問題は自分たちの日常の中にも存在していること，その問題に対する自らの認識を問うことに意味があるという事実に気づかせることが道徳教材活用の意図である。

❷教具を介して子どもと道徳教材とをつなぐ
　教具の有効な活用法が問われるのは，子どもの道徳的課題意識と教材中の道徳的問題に内在する道徳的価値との橋渡しの役割を担うからである。もちろん，場の雰囲気を醸成したり，教材中の道徳的問題に没頭させたりするという目的性から，様々な創意工夫に満ちた教具が開発されてきたのは言うまでもない。そんな視点から道徳教材と道徳教具の関係性を改めて再考すると，またその教育的意味づけや利活用の視点も変わってくるのである。大切なことは，教具の活用によって子どもの道徳的思考が促進されるか否かである。

第1章 「考え，議論する」道徳科授業づくり ◆ 17

話し合いの意図を踏まえて子ども自身の問いを引き出す -------

　道徳科授業で「話し合い」が重視されるのは，人は誰しも自分と異なる価値観や想定を超えた「多様な見方，考え方」にふれた時に自らの価値観を問い直すからである。価値観の問い直しこそ道徳的成長であり，自らの新たな道徳的価値観創造のための第一歩である。そのための「話し合い」である。ただ，道徳科学習では相手を打ち負かしたり，言いこめたりして白黒をつけるために話し合うのではない。自分以外の考えを知るためのものであることから，それは互いに考えや思いを伝え合う「語り合い」という表現の方が適切であろう。

❶多様な工夫で話し合いを促進する

　話し合いと一口に言っても，その活動形態は実に多様である。いくら教室内の対等な関係性の中での話し合いであったとしても，そのパフォーマンス能力は千差万別であり，パフォーマンス・ツールの獲得力や活用能力もやはり十人十色である。ならば，発言力の強い子どもに他の子どもが押しきられたとしても，それは話し合った結果とされてしまうのであろうか。それでは，個としての生き方の問題である道徳的価値観の問い直しは前進しない。ゆえに，話し合いを「有用の無」としないために，様々なパフォーマンス能力に応じた話し合い活動を実現するための多様な工夫が必要となるのである。

❷他者対話を通して自己内対話が促進される

　話し合いは，他者対話である。しかし，子どもはそれだけを通して自らの価値観の問い直しをしているわけではない。他者対話と同時に個の内面では同時進行的にもう一人の自分との「自己内対話」も促進されている。他者の多様な考え方を自分なりに咀嚼・吟味したり，自分のこれまでの価値観を再度問い直したりと，他者との話し合い活動を通して子どもは自分自身とも語り合うことで自らの確固たる道徳的価値観を形成していくのである。

板書の効果的な活用を通して子どもの思考を深める ----------

　これまでの道徳授業でも，これからの道徳科授業でも，新たな情報ツールとしての電子黒板なども含めて板書の工夫はよりいっそう求められてくるであろう。道徳科授業における板書は子どもの学びを時系列的に確認させ，体系化して思考を整理させ，板書事項と関連づけながら個々の道徳的思考を深めさせていく役割と活用意義がある。思考の流れを時系列で表したり，違いや多様さを対比させたり，構造化することで論点を明確化させたりと，他教科以上に道徳科の板書は重要であり，その活用方法などの工夫は奥が深い。

❶板書を思考活動ツールとして活用する

　板書は丁寧だが，子どもの発言記録黒板のようになっている残念な授業を参観することも少なくない。黒板はなんのために教室の前面中央に陣取っているのかと考えると，それは子どもが学びを深めるための学習促進ツール以外の何物でもないという結論に至ろう。この役割は，電子黒板化されても変わるものではないだろう。ならば，板書をどう有効に活用するのかということになろうが，結論的にはその時間で学んでいることが最初から時系列的に見通せるということである。それができれば子どもたちも自分の学びの方向性を見失うことはないし，自分自身の思考を深めるために必要な情報も手に取るように確認できよう。そんな板書活用アイデアを毎時間工夫していきたい。

❷黒板そのものをツール化活用して思考を深める

　異なる考え方が対比的に示された黒板にネームプレートを貼るとか，板書のふきだしに自分の考えを記すといったツール化活用の工夫はよく散見されるところである。また，ミニホワイトボードに個人やグループの考えをまとめて黒板に貼り出すといった工夫も取り入れられている。その活用は多様であっても，最後は思考活動プロセスが構造化される板書にしたい。

第1章　「考え，議論する」道徳科授業づくり　◆　19

ノートやワークシートで自己を見つめさせる ------------------

　従前の道徳授業では，あまりノート活用がなされてこなかった。他教科とは違うからという教師側の意識が強く働いてきたのかもしれない。それならワークシートを活用しようとなるのであるが，丁寧に作成すればするほど教師の指導意図を強く反映したものとなって子どもの主体性を奪ってしまう。ならば，これからの道徳科ではノートやワークシート作成をどう考え，工夫していけばよいのであろうか。結論としては，互いに協力し合ってそれぞれの最適解を導き出そうとする協同学習としての道徳科授業をイメージするなら，協同学習に関わって共通活用する部分と，自らの自由なスタイルで書きまとめる個別部分とを1冊のノート，1枚のワークシートの中で明確に使い分けてはどうだろうか。子どもが綴ったものは，子ども自身が自分を見つめ，価値を見つめ，自分の生き方を見つめるためのものであるとするなら，その活用方法は，使用方法を統一するとか，しないとかの問題ではないだろう。

❶ノート活用で指導と評価の一体化を実現する

　ノートは，時々の子どもの道徳学習の足跡である。それはパフォーマンス評価そのものであり，その過程での教師のコメントによる子どもとの対話は継続的な指導プロセスの記録でもある。「学習状況や道徳性に係る成長の様子を継続的に把握し……」いう道徳科評価は，こんな身近なところから始まる。みんなで共通記述するところ，自由に記述するところ等々，ノート活用のルールを明確にしておけば，その有効活用の手立ては大いに広がってくる。

❷ワークシートを道徳的学びの「標」にする

　道徳科授業でワークシートを活用するのは，子どもの学びを主題のねらいに誘導するためではない。子ども一人一人が自らの学びを方向づけ，より高い理想に向かって追求するための「標」となるような機能役割をぜひもたせたい。

終末で子どもの日常的道徳生活との接点をもたせる ----------

　道徳授業における終末段階の取り扱いをめぐってはこれまで様々な見解が示され，その意味づけや手法などについても多様な主張がなされてきた。しかし，その時間での学びを整理し，次なる学びへの意欲化を図るという基本的な部分においては差違があるわけではない。その授業で学んだことを大切にし，それが心に深く刻まれるよう印象づけるところに大きな意味があろう。いわば，子ども一人一人の道徳心に楔を打ち込み，それが日常的道徳生活の中での実践化を促す契機となるようにしていくところにその時間のまとめとしての終末の意義があるのである。

❶教師が働きかけて授業を取りまとめる

　終末は，その授業で学んだ事柄を子どもたちの日常的道徳生活へと敷衍することを目的に教師が本時と類似する説話やエピソード，格言を紹介したり，さらには教師自身の体験などを語ったりして実践意欲化を図るといった目的で締めくくる場合が少なくない。その際に留意したいのは，その時間の中で子どもたちが個々に学んだ事柄と，その時間のまとめとして提示した事柄の道徳的価値との間に乖離があってはならないということである。提示した話題が道徳的価値実現という点で高次であれば，「こんなのできっこない」とか「こんなことは自分と関係ない」といった否定的見解で終わってしまう。

❷終末だからこそ子ども自身が授業を取りまとめる

　子ども一人一人が静かに自分を振り返って考えたり，書いてまとめたりする等々，自分事として道徳的価値との接点をもちながら自己省察する時間とする手法も，日常生活への敷衍化という点では大きな意味をもつ。教師主導の終末で生じやすい価値の押しつけ，決意表明の強要などを回避することができる。

第1章　「考え，議論する」道徳科授業づくり　◆　21

説話を通して未知の世界を拡げる ------------------------------

　道徳の授業においては，教師が子どもたちにその時間で学んだ道徳的価値
へのさらなる理解や道徳的実践意欲喚起を目的に語り聞かせる「説話」の手
法が用いられることが少なくない。その時間の活動を通して学んだ道徳的価
値にさらなる厚みをもたせたり，人間理解の視点から自分の在り方や生き方
を問い直させたりする手法としては，効果的である。また，教師が予め用意
して満を持して臨むという点からも，短時間で説得力をもって取りまとめる
ことができるという長所も兼ね備えている。ただ，子どもたちの授業を通し
て価値追求してきた事柄と教師の説話との間に微妙なズレ，教師の思いとそ
の時間の学びをまとめようとしている子どもとの齟齬が生じやすい点には予
め留意しておくべきである。

❶道徳的話材を効果的に子どもたちと共有する

　教師の説話は，終末におけるまとめとして活用することが多い。いわば，
その授業の締めとなる場合がほとんどである。よって，そのような観点から
つい教師としては高い価値が実現された話材を選びがちである。すると，そ
の時間に学んできた子どもたちの道徳的価値理解や価値自覚の深まり具合と
の齟齬，理想と現実の乖離がどうしても生じやすい。その点の配慮は必須で
ある。

❷子どもたちの心を射止めるような効果的な語りにする

　教師の説話は，どうしてもその時間の授業を締めくくるといった場面での
活用が多い。そのために終末段階という指導意識が先行して，子どもたちに
とってはやや次元の異なる場違いな話題であったり，あまりにも理想的であ
ったりしがちなことも少なくない。やはり，子どもたちにとって身近に興
味・関心が喚起され，共感的に受けとめることができるような感動的な話材
であったり，等身大の話材であったりすることが大切である。　（田沼　茂紀）

22　◆

第 2 章

「考え，議論する」
道徳のネタ&アイデア
100

導入 のネタ＆アイデア

1 事前アンケートでつかむ

導入前に事前のしかけ

　道徳の授業は，いかに課題を自分事として捉えられるかにかかってくる。そこで，事前に生活の中での出来事に関するアンケートを実施して，ねらいとする価値への方向づけをしたり，自分の立ち位置を確認したりする方法を紹介したい。

自分はどうだ？　みんなはどうだ？

　導入の時間で思い起こせる内容は限られたものになりやすく，それをすぐに発言できる子どもも限定されてしまう。しかし，アンケートであればじっくりと考えて様々な経験を思い起こすことが可能になり，一人一人が本時のねらいを他人事ではなく自分事として意識することが容易になる。

　高学年であれば，自分のこと以上に友達の考え方も気になってくる。また，自分の考え方が集団の中でどのような位置づけになっているのかも気にする時期である。そこで，アンケートの結果をパワーポイントで編集して導入に活用することも有効である。これを導入で目にすることで，安心して自分の考えを表明することも，自分とは異なる回答から課題意識をもつことも可能になる。

　誰がどんな回答をしたのかは，子どもたちには明らかにしないが，内容によっては意図的指名にも活用できるので，記録が手元にあるとよい。　　（小川　朋子）

欲しい物が手に入らなかったらどうする？
（貯金をして）自分で買う　9人
（他の人に）ねだる　8人
（他の物で）がまんする　6人
あきらめる　4人
すねる・泣く・悲しむ　4人

導入 のネタ&アイデア

② 読書活動とつなげる

事前の読書活動で広がる導入

　道徳の時間と他の教育活動を有機的につなげることは，道徳教育として大切なことである。そこで，事前に本時の資料に関わる読書活動を実施して，教材への興味・関心を高める方法を紹介したい。

知っているから伝わるメッセージ

　道徳の教材には，偉人や作家が題材になっているものがいくつかある。誰もが知っている人物であれば，導入でその人物について知っていることを発表することで興味・関心を引き出すことが可能である。しかし，そうではない場合，「知
らない人」を「知っている人」に変える手段として読書活動がある。事前にその偉人や作家の様々な作品を読み，読んだ作品の紹介カードを作って掲示したり，読書交流会を開いたりして十分親しませるのである。

　椋鳩十のエッセイ「人間はすばらしい」（個性の伸長）であれば，「椋鳩十さんの作品に出てくる動物たちがもっている素晴らしい力を発表してください」という導入で，全員が興味・関心をもって具体的に考えることが可能になる。そして，引き出した「様々な素晴らしい力」は，展開の中で「自分たちにもある素晴らしい力」へと自然につながっていくのである。

　また，複数の作品を読んでおくことで，その人物の人柄や子どもたちへ向けたメッセージも伝わりやすくなる。

（小川　朋子）

導入 のネタ＆アイデア

3 動画でイメージさせる

映像と音で資料の世界に入る

教材に出てくるものには，子どもたちに馴染みが薄くイメージがつかみにくいものがある。そこで，導入に本時の資料に関わる動画を視聴することで，教材の理解を深める方法を紹介したい。

動画が伝える多彩なメッセージ

導入時に，教材の内容や背景を想起させることはとても有効である。しかし，内容によっては子どもたちが見たこともない物もある。

例えば「わき水」。地域によっては身近なものだが，実際に授業を行った３年生のクラスでは，わき水を知っていた児童は39人中15人。実際に見たことがある児童は５人であった。そこで，教材に出てくるわき水と似た印象のわき水を探し，ビデオ  で撮影してきたものを導入で見せた。動画で見ることで，滾々（こんこん）と水が湧き出る様子や音，美しく保たれている様子から近隣の人々が大切にしているものであることが伝わり，登場人物の気持ちに近づくことができた。動画はインターネット上で検索することも可能だが，内容や著作権について充分に配慮することが必要である。

また，子どもたちの日々のスナップ動画や行事の動画も活用できるので，使えると思う場面にアンテナを張っておくとよい。

（小川　朋子）

導入 のネタ&アイデア

4 新聞記事から リアルな課題意識をもたせる

現実問題として課題と向き合う

　高学年になってくると，学習したことが自分の将来に役立つか否かで学びに対する意欲が変わってくる。そこで，本時のねらいに関連する新聞記事で，子どもたちが現実問題として道徳的課題に向き合える方法を紹介したい。

新聞記事が与える現実味

　情報化社会という言葉も使い古された感がある昨今，生まれた時から各家庭にインターネット環境があり，スマートフォンも隆盛期だった子どもたちにとって，情報は液晶画面の中から便利に引き出せるものとなっている。

　そんな子どもたちに，新聞記事はインパクトと現実味を与える学習素材として有効である。例えば，6年生で「礼儀」を主題とした教材を提示する前に，謝罪の言葉を口にできない若者や挨拶を返さない親子を嘆く新聞の投書欄を紹

介する。礼儀の大切さは理解していても，行動として伴っていない子どもたちは，冷水を頭にかけられるような思いをするとともに，礼儀は社会生活を営む上で欠くことのできないものであり，礼を欠いた行動で不快な思いをしている人がいるという現実に向き合うのである。

　インパクトが強い分，使用する記事については充分な検討が必要である。児童の実態に合っているか，ねらいに即しているか，課題意識につなげることが可能かなどを深く読み込み，必要に応じて部分的な提示にすることも考える。

（小川　朋子）

導入 のネタ&アイデア

5 クイズで知的好奇心をくすぐる

クイズで楽しくスタート

　小学生はクイズが大好きである。学習問題もクイズ形式で出題されると目を輝かせてこちらに集中する。そこで，興味関心を高める手段としてクイズを道徳の時間に取り入れる方法を紹介したい。

クイズは本資料との相性を十分考慮する

　クイズを導入に取り入れるといっても，本時の課題そのものをクイズにするということではない。正解・不正解があるクイズは，多面的・多角的な考えをもとに多様な価値観の存在を認識する，という道徳の時間の在り方にそぐわないからである。クイズを取り入れる場合，ク

イズが教材に対する興味関心を高めたり，クイズの答えが教材の内容理解を深めたりするといった具体的な効果を考える必要がある。例えば，教材「大切なものは何ですか」（光村図書）の導入で，「セミの成虫が地上で生存できる期間は？」「セミの寿命は平均何年？」といったクイズを取り入れると，子どもたちは主人公であるセミの生態を知ることで興味を高め，地上へ出たばかりのセミが質問をした理由にも思いを寄せることができる。他にも動植物愛護の導入で「動物豆知識クイズ」を出題し，最後を「次の動物で絶滅のおそれのある動物はどれでしょう」という流れにすると，様々な特性をもつ動物たちの生態を知るとともに，そんな動物たちを絶滅から救いたいという思いにつなげることができる。クイズは「自分の解答にこだわらせない」「時間短縮」といった理由から3択程度にするとよい。

（小川　朋子）

導入 のネタ&アイデア

6 ポスターで心に残す

わかりやすい絵と言葉で

　ポスターの目的は宣伝や注意喚起である。優れたポスターは，わかりやすい絵と言葉で目にした人の興味を引き，記憶に残す効果がある。そこで，ポスターを導入に取り入れ，視覚から心情をゆさぶる方法を紹介したい。

心に残り忘れにくいポスター

　ポスターには多種多様なものがある。道徳の教材に適しているものは，企業や商品の宣伝ポスターよりも，公共施設で見かける注意喚起をうながすポスターに多い。その中からさらに，子どもたちに見せるものであるということ，道徳的な価値を含む内容であることなどを考慮して選ぶ必要がある。そして，導入で扱いやすいポスターは，一瞬で，しかも最低限の文字数で必要なメッセージを相手に伝える力のあるポスターが望ましい。

　例えば，自然愛・動植物愛護の導入に取り入れやすい「野鳥のヒナを拾わないで」と呼びかけるポスターがある。日本鳥類保護連盟・野生動物救護獣医師協会・日本野鳥の会が長年にわたり継続しているキャンペーンの一環で，ポスターは学校にも毎年配布されている。日本野鳥の会ホームページでポスターやハンドブックもダウンロードできるようになっており，教材としての自由度も高い。

　ポスターは授業後も廊下などに掲示して，子どもたちの目にとまりやすくしておくことで意識の継続を図ることができる。

（小川　朋子）

導入 のネタ&アイデア

7 展開後半につなげる導入を行う

道徳の悩みどころ

道徳の時間に対する教師の悩みの中に,「展開の前半から後半で,教材から自分のことに子どもの意識を変えるのが難しい」というものがある。そこで,この流れを自然につなげる導入の方法を紹介したい。

教材の世界と実生活をつなぐ

道徳の時間の組み立ては,展開前半で「教材による価値の追求」をし,展開後半で「自分との関わりで価値を捉える」というものが多い。そして導入は,本時の主題に問題意識をもたせたり,教材の内容に興味や関心をもたせたりすることで,自己を見つめる動機づけを図る段階であるといわれる。つまり,導入で見つめた自己を展開後半で見つめ直すという視点で発問を組み立てれば教材の世界から実生活に自然につながるのである。

例えば,導入で学校の傘立てや廊下歩行の様子を写した写真を見せながら「学校やクラスにはどんなきまりがありますか」と,主題に関わる問題意識をもたせる。そこから教材に入り,展開後半で「私たちの生活の中にも,みんなのために『こうしたほうがいい』ことは他にありますか」と自分自身を振り返る時に導入で見た写真に目を向けさせるのである。写真は黒板の端に掲示しておき,常に意識の端に入れる方法もあるが,外しておいて後半で再び見せる方法も効果的である。いずれも児童の実態に合わせて工夫するとよい。

（小川　朋子）

導入 のネタ&アイデア

言葉からイメージを広げる

ズバリ本時のテーマに切り込む

1つの言葉から連想するものは人それぞれである。その言葉が道徳的価値に関連するものであれば，その価値に対する人それぞれのイメージが言葉の先につながっていると考える。そこで，この多様なイメージを共有することで，問題意識をもたせる導入の方法を紹介したい。

多様なイメージを引き出せる言葉を選ぶ

本時の主題となる言葉を導入で提示する。一見全ての道徳の時間で利用できそうな導入に見えるが，ねらいや教材との相性をよく考える必要がある。

例えば「自由」。比較的多くのイメージを引き出せる言葉であるが，「好きなことができる」「楽しい」といった肯定的なイメージが出やすい。しかし，「やりたい放題」「自分勝手」といった否定的なイメージも少なからずある。導入で異なる価値の捉え方に出会うことで「自由」の難しさについて問題意識が生まれ，「自由」を多角的に見つめる視点をもって資料に向かうことで「自由」と「規律」の関係について考えを深められるようになる。

逆に，「生命」のように多様性のある価値で「有限性」や「神秘性」に視点を絞った資料を使用する場合，導入で言葉のイメージを広げることで，ねらいにせまりにくくなることがある。ねらいと資料を分析し，言葉のイメージを広げる必要性と効果を考えて取り入れてほしい。

（小川　朋子）

導入 のネタ＆アイデア

心の中をあらわす顔絵をつかう

本時で考えることを，手段と合わせて明確にする

　導入で，子どもたちに対して，このあとの授業で考えることや考えるために用いる方法の提示を行う。そのことで，子どもは見通しをもって学習に向かうことができたり，展開の中で用いる方法についてあらかじめ理解しておくことができたりし，思考をスムーズに表現することができると考えた。

心の中をあらわす顔絵を用いて

　授業の始めに，顔絵（写真）を数枚子どもたちに提示し，どんな心を表しているかを考え発表させる。そのうえで，本時の学習で登場人物〇〇の心情を考えていくことと，それを顔絵で表す活動を行うことを知らせる。

　子どもたちが，用いる方法をあらかじめ理解しておくことで，学習活動の途中で方法の説明が入り子どもたちの思考を止めてしまうようなことがなく，スムーズに考えたことを表現する活動に取り組むことができると考えた。

　また，そのことと合わせて，今日の学習で考えていくことを子どもたちに「めあて」として提示することができるものである。顔絵をかくこと自体は簡単な活動であるが，学習活動の中で急に取り組むとなると，戸惑いが大きくなる。導入で扱うことで，子どもたちのハードルを下げることができると考える。

（龍神　美和）

導入 のネタ＆アイデア

⑩ 効果音をつかう

効果音をつかって教材の世界をリアルに ------------------

　聴くとドキドキするような「窓ガラスの割れた音」，寒さが思い起こされるような「北風の音」，いのちを感じることができる「心臓の音」など……。教材とつながりのある効果音を用いて，子どもたちの経験を思い出させたり，よりリアルな感覚をつかませたりして，一気に教材の世界へ導く。

音で，教材のイメージをつかむ ------------------

　教材文を読む前に，読み物教材の状況や場面の様子を，よりリアルに子どもたちに捉えさせたり，自分の経験を思い起こさせたりするために，効果音を用いる。

　たとえば「窓ガラスの割れた音」を聴かせた場合，窓ガラスではなくても，食器や花びんなど割ってしまった経験のある子どもは，自分が割ってしまった時の記憶が一気によみがえるだろう。また，そんな経験のない子どもにとっても，文字から想起するよりも，場面を思い浮かべ，その状況を想像しやすくさせるだろう。そのことが，よりリアルに教材を捉え，想像を広げ，教材への自我関与を促すことにつながるのである。

　効果音を使う際には，音を選ぶことが大切である。曖昧な音ではなく，はっきりと何の音かわかりやすいものを準備する。教師が「何の音？」とたずねた時に，答えが拡散しないようにするためである。「何の音」かを考えさせることが目的ではなく，その音が聞こえた時の情景を思い浮かべたり，その時の心情を考えさせたりして，教材につなげ，リアルな感覚をもって教材の世界に入らせることが目的だからである。

（龍神　美和）

第2章　「考え，議論する」道徳のネタ＆アイデア100　◆　33

導入のネタ&アイデア

11 不確かなことをはっきりさせる

子どもたちの「？」を解決する

　低学年の子どもたちにとっては，教師が当たり前だと思っている教材に書かれていることが，意外と当たり前でないということがある。子どもたちは「？」のまま，教材を読み進め，次第に「？」をクリアしていくことになるわけである。それならば，子どもたちの「？」をまず解決してから，教材に入って，子どもたちの考えをより深めていきたいと考えた。

「？」を具体に

　低学年の子どもたちにとっての曖昧さ，たとえば「みんな」という言葉。「みんな」という言葉がキーワードになる教材であればあるほど，具体的にイメージさせることが重要になってくると考える。

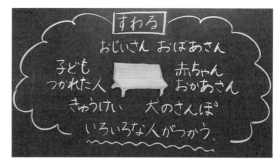

　たとえば，「森のみんな」が登場する場合，最初に，「森のみんな」とはどんな動物がいるのかを問うことで，具体のイメージをもって，教材に向かうことができる。また，「黄色いベンチ」などでは，低学年の子どもたちが，公共物のイメージをもつことが難しいことが予測される。そのような場合あらかじめ「公園のベンチは誰が，どんな時に使うものか」を明確にしておくことで，「みんなで使うもの」のイメージを具体化させて，教材を捉えさせ，考えさせることができるのである。

（龍神　美和）

導入 のネタ＆アイデア

12 簡単なことを
考えることから始める

導入
教材提示
話し合い
板書
ノートシート
終末
教員
説話

中心発問での考え方と重ねて ------------------------------

　中心発問で，少し難しい発問や，子どもたちにとって普段あまり考えないことを問う場合，導入の段階で，中心発問よりハードルを下げた同じ思考方法を用いる発問を行う。そのことによって，中心発問で，子どもたちが考えることが容易になるだけでなく，考えが深まるものである。

「これならすぐわかる！」から ------------------------------

　低・中学年の子どもたちにとって，「どんなねがいがこめられているでしょう」という発問や，「どんな思いがあったのでしょう」というような抽象的な発問は，「ねがい」や「思い」という言葉をいくら簡単にして伝えても，いきなり中心発問で問われると大変答えにくいものである。そこで導入の段階で，主題につながる考えやすいものや楽しく考えられるものを例として提示し，「ねがい」や「思い」を考えさせ，思考の練習をさせることを考えた。

　例えば，教材を通して低学年に「オリンピック・パラリンピックにこめられたねがい」を考えさせる場合，導入の段階でまず，「ねがいとは，こうなったらいいなあと考えていること」だと子どもたちに伝える。そして，「世界中のこどもたちが」の歌を聴かせ，この歌にこめられた「ねがい」だと思うこと（ハードルを下げた課題＝これならすぐわかる課題）を考えさせる。

　そして，学習のめあては「ねがい」を考えることであるということを伝えて，教材に取り組むという方法である。このようにすることで，子どもたちにとっては考え方の練習になり，また考えることも明確になるのである。

（龍神　美和）

第2章　「考え，議論する」道徳のネタ＆アイデア100　◆　35

導入のネタ＆アイデア

13 始めと終わりの問いを同じにする

学んだことが視覚的にわかる

　導入でたずねた発問と同じ言葉を，中心発問や授業の後半で用いることで，子どもたちが考えたことの広がりや深まりが視覚的に捉えられ，子どもたちが友達と一緒に考えたことや学びを実感することができる導入である。

主題をつかみ，広がりと深まりを

　授業の始めに，学習の主題に関わる言葉についてのイメージなどを考えさせる。そのことによって，授業前にもっている互いの考えを知ったり，学習の主題をつかんだりすることができる。

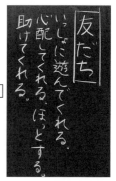

　例えば，「『友達』とはどんなものか」を導入で話し合い，既存の考えを出し合う。そして，教材での学習を通して考えた「友達」について，「今，考える『本当の友達』とはどんなものか」と授業の中心発問として問うたり，後半で問うたりする。子どもたちは，教材を通して考え学んだ，新たな「友達」についての考えを加えて話し合うことになる。このことによって，子どもたちは自分たち自身の学びを明確に捉えることができる。また，授業者にとっても，授業前・授業後の子どもたちの考えの変容を捉えやすく，自分自身の授業評価につなげることもできるものである。

（龍神　美和）

導入 のネタ&アイデア

14 他教科の学習とつなげる

他教科との関連をうまく活用したい！ ------------------------

　「特別の教科　道徳」の年間計画を立てるうえで，他教科との関連が重要視されている。導入部分で，他教科で取り組んだものをうまく活用することで，子どもたちの意識が連続性のあるものになったり，読み物教材から感じることをより深くすることができたりすると考える。

みんなが経験していることをスタートに！ --------------------

　学校での取り組みを，導入に関連づけた場合，子どもたちみんなが学習を経験しているというメリットがある。

　例えば総合的な学習や学級活動などで，自分たちの将来の夢について考えた場合，全員が自分の将来を考え，夢についての考えをもっている。いきなり夢についてたずねると，子どもたちからは，「まだ，わからない」「決まっていない」という答えが返ってくることも多々ある。しかし学習の中で，自分を見つめ，将来について見つめ，考えた後であると，曖昧であっても，将来に対する視点をもっている。「希望と勇気，努力と強い意志」で偉人等の読み物教材を扱う際に，今の自分の夢を思い浮かべさせることを導入にすることで，「感じること」「学ぶこと」もより深くなると考える。

　また，「生命の尊さ」で，赤ちゃんの頃のことや，周囲に支えられている自分を感じることのできる読み物教材を扱う時など，生活科や総合的な学習の時間との関連を意識し，その時に集めた資料（自分が生まれた頃の写真，親の思い等）も，効果的に導入で扱うことができるものである。

（龍神　美和）

第2章　「考え，議論する」道徳のネタ&アイデア100　◆　37

導入 のネタ&アイデア

15 登場人物の把握と導入をセットで行う

見えないものを見えるように

　読み物教材の中には，子どもたちが道徳的価値について考える際に重要な登場人物についてのポイントが，子どもたちの視点に立つと，見えにくくなっていることがある。それらを導入の時にあらかじめ見えるようにしておいて，子どもたちの気づきにつなげていきたい。

具体的にイメージさせて発問につなげる

　「はしの上のおおかみ」では，登場人物の大きさを把握しておくことが，大きなポイントになる。しかし，子どもたちが一読するだけでは，おおかみの行動と動物たちの大きさの関係を読み取ることができることは少ないであろう。導入で，「くま」と「おおかみ」と「うさぎ」について「大きいのはどれかな？」「小さいのは？」と子どもたちに問い，登場人物の関係を

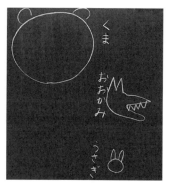

つかませておきたい。登場人物の大きさの関係をつかませておくことが，授業でのポイントになるからである。

　上記のように，教材の中には，当たり前の前提として描かれ，道徳的価値について話し合うためには重要なポイントであるのに，説明がない場合がある。時には，教師の側がその視点を落としてしまっている場合もある。子どもたちに気づかせたい，考えさせたいことにつなげた導入にしたい。

（龍神　美和）

導入 のネタ&アイデア

16 実物に触れてみる

子どもとの距離を近づけたい！ ------------------------------

　子どもたちの興味を引き出し，イメージをもたせるために，実物や動画を用いることができると効果的である。読み物教材の世界がグッと自分たちに近いものになったり，思い浮かべるだけでは追いつかないようなことを感じとったりすることができるからである。

実物のもつ力を！ ------------------------------

①子どもたちみんなが知ることができる

　導入の段階で，実物や動画を用いることで，子どもたちの興味やイメージが広がるだけでなく，「あまりよく知らない」という児童にも，見たり，触ったりする経験をさせてやることができる。

　オリンピック選手が登場する教材では，試合での映像やインタビューを，日本の文化やいろいろな国の文化を扱うのであれば，楽器や道具などの実物やDVD，「郷土を愛する態度」についてであれば，実際に撮影した地域の様子や祭り，地域の方へのインタビュー映像などを用いることが効果的である。

②導入と終末で

　1人ずつに，美しいものや，芸術作品などをカードにしたもの，または教材に関連する実物などを渡し，感想や思ったことを出し合わせる。そして，読み物教材を扱った後に，もう一度，子どもたちの手元にあるカードや関連するものを子どもたちの手に取らせ向き合わせる。実物のもつ力が，子どもたちにたくさんの気づきを与え，考えを深めさせてくれる。　　　（龍神　美和）

第2章　「考え，議論する」道徳のネタ&アイデア100　◆　39

|教|材|提|示| のネタ＆アイデア

17 範読する

　教師が教材を語り聞かせる範読は，道徳の教材提示の中で最も行われる提示方法である。ただ教材を音読すればよいのではなく，ねらいをもって読み聞かせる必要がある。ねらいをはっきりともった教師の範読は，子どもをその教材の中へと引き込み，主体的に関わっていくことを促すものである。だからこそ，道徳科の授業のねらいをはっきりともった範読ができるようになることは，教材提示の基本である。

範読のポイント --

　道徳ではなぜ子どもが音読するのではなく，教師が範読をして教材を提示するのだろう。それは言うまでもなく，教材との出会い方がその後の教材の登場人物の心情や行動を共感的に理解したり，自分と重ねながら考えていったりすることに影響を及ぼすからである。では，どこに気をつけて範読をしていけばよいのだろうか。基本的なポイントは２つである。

　１つ目は，状況が把握できる読み方である。道徳の教材には，子どもにしっかりと考えさせたい中心場面というものがある。その中心場面での登場人物の心情や行動について多面的・多角的に考えていくためには，中心場面以外のところでも，登場人物の置かれている状況を全員が正しく把握することが大切である。したがって，範読の際はよく聞こえる声量で読んだり，会話文では複数の登場人物の違いがわかるように声を使い分けたりするとよいだろう。また，臨場感を感じさせたい時は，少し早めに読んでみるなどの工夫をすることも状況把握に効果的である。

　２つ目は，子どもに考えさせる読み方である。教材提示の後，全体で考えたい中心場面のところでは，意図的に間をとって読むことも大事である。じ

40 ◆

っくり考えさせたいところは、ゆっくりと読み、教師の感じている登場人物の感情を一方的に表現しすぎることも避けた方がよい。教材提示の時から、中心場面をそれぞれの子どもの心に印象的に残しておきたいものである。

子どもが主人公の思いに共感しながら聞く範読の実践例

　高学年の『私たちの道徳』にある「その思いを受けついで」の実践である。教材提示では、主人公が、病で身体が弱っていく祖父に生きてほしいと願ったり祖父の死を悲しんだりすることを通して、命の大切さ、かけがえのなさを感じとっていく心情に共感させたい。身近な人の死に直面したことがない子どもも自分のことのように思って共感できるように、教材提示の工夫を行いたい。

　この教材には、多数の会話文が用いられていたり、会話文の中にも「……」というリーダーの表記がたくさん出てきたりする。そこで子どもたちにどんな思いに共感させたいのかを考えながら、その時の登場人物の思いと範読の時のポイントを教材文に書き込んだ。その書き込み（右写真）を見ながら範読をすると、共通理解させたいところや考

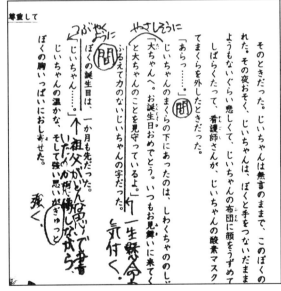

えさせたいところを明確にもって教材提示ができた。最後の「じいちゃん……」という言葉を特に大事に、祖父の愛情を感じながらつぶやくような声で表現し、余韻を残して範読を終えた。

(尾崎　正美)

教材提示 のネタ&アイデア

18 ペープサートを活用する

ペープサートの特性

　一度の教材提示で，教材の登場人物の思いを捉えさせるためには，場面の様子や人物の表情などが印象強く残るようにしたいものである。そのために，ペープサートは効果的である。

　ペープサートは人物の絵などを描いた紙に割り箸などの持ち手をつけたものを動かして演じる紙人形劇のことである。表と裏で異なる絵を貼り合わせてペープサートを作ると，人物の行動や表情の変化を表すことができる。具体的な教材を例にあげると，「かぼちゃのつる」（文科省）が考えられる。主人公のかぼちゃがつるを伸ばして威張る表情とつるが切れて泣いている表情の絵を表裏で貼り合わせて表情の変化を表すことができる。

　また，ペープサートには持ち手を持って紙人形を操作することができるというよさもある。複数の登場人物が出てくる教材では，発言している人物を強調したり，動きを表現したりして子どもの想像を助けることができる。具体的な教材を例にあげると，「ぐみの木と小鳥」（文科省）が考えられる。嵐の絵を背景にして小鳥のペープサートを小刻みに動かしながら表すことで，嵐の中，懸命にりすの元へとぐみの実を運ぶ小鳥の様子が捉えやすくなるだろう。

表情の変化をペープサートで表して

　『小学校道徳　読み物資料集』（文科省）に掲載されている「シロクマのクウ」の実践である。この教材は，クウが一人前になるために自分で魚をとろうと努力し続ける様子を描いたものである。クウは何度やっても魚をうまく

つかまえられないことからあきらめかけるが，しばらく考えてもう一度挑戦し，自分の力で魚をとる。「あーあ……」と疲れて氷の上に座り込み，しばらく考えた後，「よし！」と自分一人の力で魚をとろうとするクウを支えた思いは何だったのか考えさせたい。

そこで，写真のように，疲れて氷の上に座り込んだ時のクウの絵（①）と，また頑張ろうとするクウの絵（②）を表裏で貼り合わせたペープサートを用意した。表情の変化をわかりやすくするため，ここでは①の絵の顔のパーツを書き換えた。教材文の「よし！」に合わせて，ペープサートを裏返すようにし，クウの表情の変化をつけて教材を提示するようにした。

①氷の上に座り込んだ時のクウ

このペープサートは中心場面で，クウの思いの変容について話し合う時にも活用した。子どもにペープサートを持たせ，変容している思いを語らせた。子どもは，「あーあ…もうやめたいな。腕も痛いし，何度やってもとれないよ。うーん，でもこ

②また頑張ろうとするクウ

のままではいけないな…。（ペープサートを裏返して）よし！もう一度頑張ってみよう。絶対魚をとるぞ」とクウの思いを語ることができた。

（太田　晶子）

教材提示 のネタ&アイデア

19 紙芝居を活用する

　文章のみで状況を把握することが難しい児童に限らず，全ての児童にとって紙芝居は，教材の理解を助ける効果的な提示方法である。

紙芝居が適した教材とは

　紙芝居の提示が適した教材とは，どのような教材だろう。もちろんほとんどの教材が，場面絵を用いた紙芝居によって読み聞かせる方が，児童の教材理解が進むことは間違いないのだが，それ以外にもその後の授業展開を考えて，紙芝居提示に適したと言える教材がある。

　私がぜひ，紙芝居で提示したいと考える教材は，「Ａ　紙芝居の絵を場面絵として使う場合，主人公が変容する前後を絵で並べて提示できるような教材」と，「Ｂ　主人公が葛藤する場面がある場合，何について葛藤しているのか，絵ではっきりと示すことができる教材」である。

　Ａの２つの場面を比較できる教材は，例えば「はしの上のおおかみ」である。意地悪をしていた時と親切にできた時のおおかみを並べて提示できる。Ｂの葛藤する場面が示しやすい教材は，例えば「手品師」である。手品師が友人と電話で話す場面で，手品師を挟んで大劇場に出ることと，男の子との約束を守ることの２つを描いた紙芝居にして，手品師の葛藤をわかりやすく伝えられる。どちらも紙芝居で提示することで，状況理解が深まり，その後の授業の中で考えていくことを把握しやすくなっていく。

２つの場面を比較できる実践例

　『小学校道徳　読み物資料集』（文部科学省）にある「みんなのニュースがかり」の実践である。この教材の主人公「けいすけ」は，学級のニュースが

かりとして学級のみんなのニュースを書くが，1回目のニュースはみんなを怒らせてしまう。その後，友達に励まされてもう一度ニュースを書くと，今度はみんなに喜んでもらえたという内容である。

『小学校道徳　読み物資料集』文部科学省

　紙芝居で用いる絵は，教材に載っている5枚である。紙芝居の提示の後，上図②と⑤の場面絵を提示して，「1回目も2回目も一生懸命書いたのに，みんなに見せた後のけいすけくんの表情が違うね。どうしてかな？」と尋ねて，2回のニュースへの主人公の取り組み方の違いに気づかせる。そのときに，②と⑤の場面絵を並べて提示したいが，⑤の絵は背景があるので，②と比較しづらい児童もいるかもしれない。そこで，発問では，⑤の背景を取ったものである⑥を提示して，より主人公の様子の違いに気づきやすいようにしたい。このように，発問の意図によって，場面絵から一部分を抜き出した絵も作成しておき，それを効果的に活用していくことも可能である。

　主人公の様子の変化から，2回目のニュースの方が，主人公自身がいい気持ちになったことを共通理解した後，③の場面絵を提示して，「一生懸命さが変わったのは，友達に励ましてもらった時，どんなことを考えたからでしょう」と問い，主人公が，みんなが困ったりしないように丁寧に仕事に取り組もうと思えたことを話し合っていくようにする。

（尾崎　正美）

教材提示 のネタ&アイデア

ICT を活用する

ICT 活用で視覚に訴える提示を

　電子黒板，実物投影機，プロジェクタ，タブレット端末などの ICT 機器が導入され，様々な学習活動を取り入れた授業展開が可能となった。道徳科では，教師の範読は基本的に一度きりである。一度の教材提示で，教材に対する子どものイメージをふくらませ，登場人物の思いや場面の様子を理解させたり，自分と登場人物の思いを比べたりして道徳的価値の理解につないでいくために，ICT 機器の効果的な活用の仕方をご紹介したい。

　ICT 活用の利点として，視覚に訴える教材提示の工夫ができるということがある。例えば，場面絵の中で子どもに着目させたいところを拡大して提示したり，場面絵をつないでアニメーション化して提示したりすることができる。

また，プロジェクタや電子黒板などを活用することで，大画面に場面絵を写しながら教材提示をすることができる。視覚的にわかりやすい提示をすることによって，教材に対する子どもの関心がより高まることが期待できる。

アニメーションを用いたデジタル教材の提示

　『わたしたちの道徳　三・四年』（文部科学省）の「雨のバス停留所で」の実践である。この教材は，店の軒下で雨宿りをして待っていた他の人たちの

ことを考えずに列の先頭に立ったよし子が，母親の横顔を見ながら自分のしたことについて考えるという内容である。黙ったままの母親の横顔を見ながら自分のしたことを考えるよし子の思いを話し合う中で，公共物や公共の場所を使う際に一人一人が周りの人の立場を考えることの大切さに気づかせたい。

　本時では場面絵をつないでアニメーション化したデジタル教材を作成した。教材づくりの際に使用したのは，Microsoft 社の PowerPoint である。『わたしたちの道徳』に使用されている場面絵をスキャナで取り込み，スライドを作成した。絵はペイントソフトを活用し，加工した。よし子が停留所の一番先頭に並ぶことで，軒下で雨宿りをしながらバスを待っていた人が不快な思いをしたことがわかるように，よし子が軒下から停留所へ移動するところをアニメーションで示した。（下画像参照）

　また，最後の場面では，黙ったまま窓の外を見つめる母親の横顔を見ながら考えるよし子に着目しやすくするように，よし子の顔をズームアップさせてアニメーションで示した。

　デジタル教材の作成は，少しの工夫で子どもの教材への関心を高めることができ，場面の様子の理解に役立つ。何に着目させるのか，どこを考えさせるのかをよく考えて工夫したい。

（太田　晶子）

教材提示のネタ&アイデア

動画でイメージを豊かにする

　動画のよさは，絵だけでなく動きと音声をともに伝えることができることである。子どもの生活経験の違いによって，範読だけの提示では，教材の理解に個人差が生まれてしまうことがある。その差を補うための効果的な提示方法の1つに動画がある。

動画が適した教材とは

　動画の提示が適した教材とは，どのような教材だろう。それは，動きと音声をともに提示した方が，教材の内容をより理解できたり，教材の主人公の思いに共感しやすくなったりすると考えられる教材である。

　動画は疑似体験的な効果も期待できるので，日常生活の中で子どもたちに経験の少ない「D　主として生命や自然，崇高なものとの関わりに関すること」の教材では，工夫して動画を使ってみたいものである。例えば，「感動，畏敬の念」に関する教材で，高学年の『私たちの道徳』にある「美しい地球，生命宿る地球」を読む時に，宇宙から見た地球の動画をスクリーンに投影しながら読んでみると，自然の壮大さや美しさをより一層感じることができるのではないだろうか。

　今，インターネットの動画サイトには，自然のすばらしさや壮大さを感じられるような動画が数多く投稿されている。著作権，肖像権に留意して，効果的に活用できると，普段ふれることのできない世界にも全員でふれることができるだろう。

生まれてくる生命へ愛おしさを感じる動画提示

　低学年の『わたしたちの道徳』の「ハムスターの赤ちゃん」の実践である。

この教材は，家で飼っているハムスターに赤ちゃんが生まれた様子をよく観察して，小さな命がだんだんと育っていく様子を描いたものである。教材にも挿絵のイラストが付いているが，生まれたてのハムスターの赤ちゃんのぎこちない動きや，赤ちゃんを守ろうとする母親の優しさが感じられる行動などは，伝わりにくい。そこで，インターネットの動画サイトからハムスターの赤ちゃんの生後3日目（＊1）と10日目（＊2）の様子を見せてから，教材を読み聞かせて提示した。教材提示の前に，動画を見せておくことで，生まれたばかりの赤ちゃんは，目も開いていなくて，体に毛も生えていないか弱い存在であることや，必死で生きようとしていることなどを，それぞれの児童が感じ取ることができる。動画を見ながら，子どもたちは「かわいい」「寒そう」「見えてないのかなあ」「お母さん，（赤ちゃんを）噛んでも大丈夫なのかな」などと，いろいろな反応をしている。そのうえで，教材を開いて，教師が読み聞かせると，主人公の女の子の思いにより深く共感できる。

＊1　https://www.youtube.com/watch?v=_V8Kr7VWilU（2017年12月12日閲覧）
＊2　https://www.youtube.com/watch?v=f5WblE3NYzo（2017年12月12日閲覧）

（尾崎　正美）

教材提示 のネタ＆アイデア

パネルシアターで子どもの心をつかむ

パネルシアターについて

　パネルシアターとは，布を貼ったパネルボードの上に絵人形を貼る，はがす，動かすなどして教材を提示する手法である。教師が教材に合わせて子どもたちに語りかけたり問いかけたりしながら，子どもの興味を継続的にひきつけてストーリーを展開することができる。主に幼稚園や保育園などで用いられることが多い。ペープサートとの違いとしては，人形を糸止めして関節の動きをつけたり，重ね貼りをして表情を瞬時に変えたりすることができることがあげられる。

　道徳科の教材提示では，特に低学年において，教材に複数の登場人物が出てくる，教材文が長いといった場合にパネルシアターの活用が効果的である。子どもの反応を見ながら間を取ったり，登場人物の絵人形を動かしたりして読み聞かせることができるため，場面の様子や登場人物の思いを理解しやすくなる。

　パネルシアターでは，不織布を貼ったパネルボードとPペーパーで作成した絵人形が必要となる。Pペーパーにはポスターカラーのペンなどを用いて絵を描くとよい。

どの子も集中して聞き入るパネルシアターの教材提示

　低学年の教材「すべりだい」（文部省）での実践を例にあげる。すべり台ですべる順番を守らなかったため，他の動物たちの下敷きになったさるが，自分の悪かったところをみんなに謝り，またみんなと仲良く遊ぶという内容である。

この教材には，ねこ，うさぎ，さる，犬，くまの５つの動物が出てくる。すべり台のある公園が話の舞台となるため，すべり台の絵と５つの絵人形を用意するとよい。

　教材を提示する際には，子どもとパネルボードの距離をなるべく近づけ，集中して聞くことができるようにしたい。写真のように，教師がパネルボードの横に腰かけ，子どもはパネルボードの周りに集まり床に座って聞くようにするとよい。

　パネルシアターで絵人形を操作していると，操作の方に意識が集中しがちになる。教師の語りも大切にしたい。動物たちがきまりを守って仲良くすべり台をすべる様子を「スルスルゥ」と声に出して表すなどして工夫したい。

　教材の最後にさるが下敷きになってしまう場面では，通せんぼをして意地悪な表情をしていたさるが悲しい表情に変わるように顔の部分を重ね貼りしておくとよい。その後，教材を用いて話し合う場面では，発問に関わる場面をあらかじめ写真におさめるなどして，場面絵を作成しておくことで，パネルシアターで提示した場面を想起して話し合うことができる。

（太田　晶子）

教材提示 のネタ＆アイデア

23 印象的な一部分を抜き出して提示する

　どの教材にも，特に子どもの意識を向けたいところや内容の理解が難しいため丁寧に提示していきたいところなどがあると思う。通常よく行う範読の教材提示においても，教師の思いによって読み方を変えていくことはある。読み方を変えて，一部分を強調して子どもに印象づけているわけだが，子どもに印象づける方法は，読み方以外にもある。読み方以外の工夫についても考えてみたい。

一部分を抜き出して見せながら提示することのよさ

　一部分を強調して提示するのは，子どもに考えさせたいところをはっきりとさせるためである。例えば教材提示装置で，挿絵を抜き出して大型テレビに映しながら範読すると，紙芝居のような提示ができるが，挿絵の中で特に注目させたい部分を教材提示装置でクローズアップして見せながら範読をして提示することもできる。

　一部分を抜き出して見せながら教材提示することは，考えさせたいところへ子どもの意識を向かせるとともに，いろいろなことが気になって，落ち着いて範読を聞くことが苦手な子どもが集中して聞くことにも効果がある。

　ただ，どんな教材でもできるのではなく，やはり教材の特徴を考えて選ぶ必要はある。一部分を抜き出して見せながら提示することが適していると考えるのは，教材の中に印象的な短い言葉が入っていたり，主人公の心を変容させるきっかけとなった場面や物，人物の挿絵があったりする教材である。

子どもが考えたくなる教材提示

　『小学校道徳　読み物資料集』の高学年教材「苦しいときだからこそ」を

用いた実践である。この教材は，阪神・淡路大震災で被災した父から聞いた話を語る物語である。震災時に，命の危機を感じるほど水が不足していた中でも，ようやくやってきた給水車の前に自然と並ぶ人々と，我が身のことのみを考えてバスに無理矢理乗り込もうとする人々の姿が描かれ，最後に「並ぶことはみんなが生きること」という父の言葉が印象的に綴られている。その言葉を抜き出して焦点を絞って提示することで，子どもが考えてみたくなる教材提示を行った。

まず，授業の導入できまりやマナーを守ることが大切だと知っているが，つい守れなくなってしまいそうな時はどんな時か話し合った後，教材文にある「並ぶことはみんなが生きること」という一文を黒板に貼って，この文の意味についてグループで話し合う。その後，『わたしたちの道徳 三・四年』のP.119の写真を提示して，阪神・淡路大震災の時の話であることを伝え，教材の範読に入る。始めに「並ぶことはみんなが生きること」という文の意味を話し合っていたので，子どもは自分で改めてその文章の意味を考えながら，教材の内容を熱心に聞いていた。そして，教材提示が終わった後，もう一度「並ぶことはみんなが生きること」という文章の意味を問うと，子どもは教材を読んで新たになった自分の考えを友達と語り合っていた。

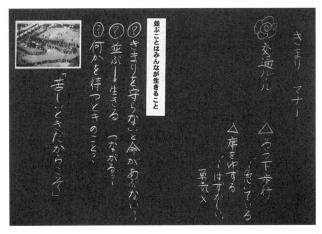

（尾崎　正美）

教材提示 のネタ&アイデア

24 場面絵を活用する

　道徳科の授業で多く用いられる教材として，場面絵がある。場面絵は表情や背景など細かいところまでわかりやすく描かれているため，場面の様子や登場人物の思いを理解しやすい。また，多様な考えをもつことができるように描き方が工夫されている。ここでは，教材提示での活用の仕方を紹介したい。

場面絵を教材提示で活用することのよさ

　教材提示で場面絵を提示することは，教材に対する関心を高めるために効果的である。導入で，本時で扱う道徳的価値への方向づけを行った後に，場面絵を提示してから教材を範読するようにする。例えば，「よわむし太郎」（『わたしたちの道徳　三・四年』）では，太郎が弓矢をもつ殿様の前に立ちはだかる場面絵を提示する。子どもは，白い鳥や，弓を向けられている男，他の二人とは違う着物を着て弓を引く男が場面絵に描かれていることに気づく。そこで，「どんなことがあったのでしょう」と尋ねることで，教材の内容への関心をもって範読を聞くことができる。

　また，範読をした後，拡大した場面絵を見せることで，教材の登場人物の置かれた状況や人物の関係などを確かめることができる。これにより，範読だけでは把握ができにくい場面の様子や人物の思いなどを全員で確認することができる。例えば，「名医，順庵」（東京書籍5年）では，教材を範読した後，孝吉が母の手紙を読みながら泣いている場面絵を提示する。そして，提示した場面絵を示しながら「孝吉はなぜ泣いているのでしょう」と尋ね，「母が重い病気で寝たきりになっているから」「病気を治す薬がほしいけど高くて買えないから」などと孝吉が置かれた状況を確かめることができる。

このように，場面絵を教材提示で活用することで，子どもの教材への関心を高めたり，教材の内容をより理解しやすくしたりするというよさがある。

場面絵を活用した教材提示で教材への関心を高める

　「ろばを売りに行く親子」（光村図書３年）を用いて授業を行った。A-(1)「善悪の判断，自律，自由と責任」の内容項目の教材である。ある親子が一匹のろばを町に売りに行く際，出会った人から言われたことを全て聞いたために，最後には大切なろばを川に落として失ってしまうという内容である。

　この教材は８枚の場面絵が用いられている。教材提示の前に，１枚目の場面絵を提示し，「この親子はろばを売りに町に出かけるところです。ろばを売ってお金を手に入れようとしていたのですね」と補足説明をして設定を確かめた。その後，８枚目の場面絵を提示した。子どもは場面絵を見て，「ろばが川の中に落ちている」「親子が悲しそうな顔をしている」と１枚目との違いから気づいたことを発言した。そこで，「どうしてこんなことになってしまったのでしょうね。お話を読んでみましょう」と投げかけ，教材提示を行った。子どもは，どのような展開なのかと教材への関心を高め，集中して範読を聞く姿が見られた。

（太田　晶子）

教材提示 のネタ&アイデア

25 効果音をバックにして提示する

　道徳の教材提示では，子どもがその教材の世界に入り込んで自分のことのように考えることができるようになることを目指したいものである。「Ａ　主として自分自身に関すること」や「Ｂ　主として人との関わりに関すること」に関する教材では，教材の主人公の体験が子ども自身の体験と重なることも多く，教材の世界観に入り込んで考えることができやすい。しかし，「Ｄ　主として生命や自然，崇高なものとの関わりに関すること」に関する教材には，自分自身の体験と重なりにくい主人公の行動が描かれていることもあり，どこか他人事として聞いてしまうことがある。特に「感動，畏敬の念」の教材提示は，どうやって子どもの心に感動を生もうか頭を悩ませることがある。

教材の世界へ子どもを導く工夫

　教材の世界へ子どもを導くために，範読の仕方を工夫したり，紙芝居にして提示したりといろいろな工夫が考えられるが，その１つとして効果音やBGMを活用することもできる。音を用いることで，教材の世界に入り込みやすくなるのだ。効果音には，ツリーチャイムなどの楽器を使うこともできるし，インターネットのフリーサイトから取り込んだ効果音を用いる（使用について使用条件をよく読んでおきたい。）こともできる。（例：On-Jin 〜音人〜（https://on-jin.com/）2017年12月12日閲覧）

効果音で美しさを強調した教材提示

　低学年の教材「七つのほし」での実践である。この教材は，トルストイ原作の童話である。少女や母親の思いやりの心が夜空に輝く七つ星となったと

いう話である。子どもたちはこの話を童話としてこれまでにも聞いたことがある場合が多い。したがって、話の内容はわかっている子どもが多いので、道徳の教材提示では、少女の心の美しさをどれだけ感じることができるかがポイントである。

まず、授業の導入では、普段の生活の中できれいだなと思うことはあるか尋ねる。子どもからは、「花」「虹」「星空」など自然のものがよく挙げられる。身近な世界の中で目に見える美しいものについて、いろいろと出てきて「きれい」という概念について一人一人

のイメージがある程度できた段階で、教材を提示する。提示の前に「このお話の中にもきれいだなあと思うことは見つかるかなあ」と投げかけてから提示を始めると、子どもは教材に入り込みやすい。

子どもは教材文を読みながら、教師の範読を聞いている。この教材提示では、少女の美しい心が奇跡を起こしたところに子どもの意識を向けたいので、奇跡が起きた部分に効果音を使った。例えば、大事な水を犬に飲ませてやったところで、星の瞬く音のような効果音を出す。少女の美しい心が奇跡を起こすたびに星の瞬く効果音を出し、最後に夜空に七つの星が上った時は、「キラキラキラ～」というように少し長めの効果音を出す。効果音をツリーチャイムで出した時は、音の余韻が残る中、黒板に銀色の色紙で作った星（あらかじめ、北斗七星の形に並べてラミネートをかけているもの）を貼れば、少女の美しい心が起こした奇跡は、より印象的に子どもの心に残っていく。

（尾崎　正美）

教材提示のネタ＆アイデア

補足説明を効果的に使う

　教材の提示の仕方を工夫しても，子どもが場面の様子を思い浮かべたり教材の登場人物の思いに共感したりすることができにくいこともある。それは，教材の時代背景や設定が子どもの生活場面とかけ離れている場合や，人物の関係が複雑に入り組んでいる場合などが考えられる。そのような場合，教師が補足説明をすることで，教材と子どもとをつなぐことができると考える。

教材が子どもの生活場面とかけ離れている場合

　教材の登場人物や話題になるものについての解説を行う。子どもに教材を提示する前に，写真を用いたり様子を伝えたりして場面の様子を理解しやすくする。例えば，「いのちのまつり」に出てくる沖縄地方特有の墓の写真を提示したり，墓参りの様子を説明したりする。子どもは，教材に描かれたものを具体的にイメージしながら教材を読むことができるだろう。場合によっては教材を読みながら，補足を行うこともある。この場合，せっかく子どもが人物の思いに共感しているところを妨げる場合もあるので，タイミングを計って行いたい。

人物の関係が複雑に入り組んでいる場合

　教材の登場人物が複数であったり，位置や思いの関係が複雑であったりする際の解説を行う。絵本や紙芝居など，1つのものを全体に見せて読み聞かせる場合は，絵を指で指し示しながら提示するだけでも，理解の助けとなる。教材を読む前に，登場人物の概要を紹介する時間をとっておくと，子どもはイメージをつかんで教材を読むことができる。例えば，「二わの小とり」では，「やまがら」と「みそさざい」と「うぐいす」という鳥が出てくる。低

学年の子どもにとって複数の鳥の関係は理解がやや困難になることが予想できる。そこで、教材を読む前に、「今日のお話は、小鳥さんが出てきます。（絵を提示して）もうすぐお誕生日のやまがらさん。（絵を提示して）これが、みそさざいさん。（絵を提示して）明るくて家にごちそうもあるうぐいすさん」というように紹介をするとよいだろう。

人物についての補足説明で教材に対する興味をもたせる

　中学年の教材「六セント半のおつり―リンカーンの話―」（『わたしたちの道徳　三・四年』）での実践を例としてあげる。これは、後に第16代アメリカ合衆国大統領となるエイブラハム・リンカーンの正直な人柄を題材にした教材である。店の番頭をしていたエイブは、売上金の勘定が合わないことに気づく。昼間、布地をたくさん買っていた女性におつりを返しそびれていると気づいたエイブは、冷たい風の中、夜道を十キロも離れた家まで六セント半のおつりを二時間かけて返しに行くという話である。

　ここでは、教材を提示する前に、『わたしたちの道徳　三・四年』の45ページにあるリンカーンの写真を提示し、リンカーンという人物について話題にした。名前を聞いたことがあるという子どもは多いものの、実際に何をした人物かを知っている子どもは少なかった。そこで、「この人は今から約150年前にアメリカの第16代の大統領になった人で周りの人から信頼されて

きた人なのです。今日のお話はリンカーンの若い頃にあった出来事です」と紹介してから教材を提示した。子どもは、リンカーンの説明を聞くことで、教材に興味をもち、範読を聞くことができた。

（太田　晶子）

教材提示 のネタ&アイデア

ビデオ教材を活用する

ビデオ教材の特徴

　教材提示では，子どもが教材の内容を理解し，登場人物の思いに共感したり疑問を感じたりすることが求められる。その点において，ビデオ教材は，登場人物の声や動き，場面の展開など子どもに提示される情報が豊富で，文章を読み取ることが苦手な子どもにとっても効果的である。範読の教材提示に比べて時間がかかってしまうことが多いのが短所だが，その短所を踏まえたうえで，それでもビデオ教材の提示の良さがある場合は，積極的に活用したいものである。

　道徳のビデオ教材はたくさん出されている。文部省（文科省）企画のビデオ教材もあり，「うばわれた自由」「ブランコ乗りとピエロ」「文鳥になったマー君」などが出されている。大型テレビで視聴することで，子どもたちは教材の世界観の中に入り込み，登場人物の思いに共感したり，逆に疑問をもったりしやすくなる。よって，教材提示が終わった途端，自分が感じている疑問を友達と話し出したりすることもある。

教材を理解し自己の捉えを見つめる教材提示

　文科省の高学年教材「うばわれた自由」を用いた実践である。この教材は，ジェラール王子と森の番人ガリューの2人が考える自由の違いを比較しながら，自由とは何なのかについて考えていくことができる教材である。教材を読む前の子どもたちの考える自由とは，どちらかと言うとジェラール王子の考える「自由＝自分の好きにできること」という自由に近いことが多い。これは，自由の意味を一面的に理解したものである。そのような子どもたちの

理解が，教材を通してだんだんと揺れ動いていく。その揺れ動きを起こせるかどうかがこの教材を提示する時に大事にされるべきところである。

　毎日映画社制作の「うばわれた自由」のビデオ教材は，15分間である。授業の導入では，「何でも自由にしていいと言われたら，どんなことをしたいか」と尋ねる。子どもは，「ゲームを一日中する」「好きな本をずっと読む」など，自分がしたいことを次々に挙げていく。

　それを聞いたうえで，「では，みんなが自由にできる世界っていいと思うかな」と聞くと，賛否両論出てくる。それぞれの考えの理由をお互いに聞き合っていると，自由とはいいことなのかどうかわからなくなってくる。それは，子どもが自由についての自己の捉え方に疑問をもち始めたということである。そのタイミングで教材をビデオで提示する。

　すると子どもは，自由とはいいものかどうか，そもそも自由とはどういうものなのかということを考えながらビデオを見る。ジェラールとガリューの考える自由を，これまでの自分の考える自由と比べたり，どちらの考える自由がいいのか，そしてそれはなぜなのかということについて考えたりしながら見ている。

　ビデオ教材では，ジェラールは特に悪びれた様子もなく，好き勝手にふるまう。それが，「自由とは好き放題できること」と思っている子どもの実態とよく合って，子どもがジェラールの思いを理解しやすくなっている。そして，その好き勝手をした結果，国中が乱れていく様子もわかりやすく描かれているので，好き勝手する自由はよくないということにも気づきやすい。

　このように，この教材はビデオで提示することで，内容の理解だけでなく，子どもが自由についての自己の捉え方も見つめることができるようになる。

（尾崎　正美）

第2章　「考え，議論する」道徳のネタ＆アイデア100　◆　61

教材提示 のネタ&アイデア

小道具を活用する

小道具の活用

　子どもが教材の登場人物の行為や思いを身近に感じ，共感しやすくするために，小道具を用いることをおすすめしたい。具体的には，教材の登場人物が用いたもの，教材の登場人物の心を揺り動かすカギとなる道具などである。

　小道具を用いる時は，できるだけ教材に近い形で提示していきたい。例えば，「ふろしき」（文科省）では，風呂敷を提示し，実際に包む様子を見せるようにする。教材の主人公が風呂敷を初めて見た時に感じた思いを子どもにも捉えさせたいものである。また，「ブラッドレーのせい求書」（文部科学省『わたしたちの道徳　三・四年』）では，ブラッドレーから母親へ，母親からブラッドレーへと書いた請求書を教材と同様に画用紙などで用意して，提示するようにする。これは，後に中心場面で役割演技を行う時にも用いることができる。

教材に出てくる小道具を作成して

　文科省教材「絵はがきと切手」での実践を紹介する。この教材は，主人公の広子が，転校していった仲良しの正子からもらった絵葉書の切手の料金不

足を伝えるか伝えないか迷いながらも，正子ならわかってくれると思い伝えるという内容である。友達ならばきちんと伝えるべきだと考える兄と葉書のお礼だけ伝えた方がよいと考える母の言葉に，広子の思いは揺れ動く。ここでは，2つの小道具を用いた。

　1つ目は，広子が正子からもらった大きめの絵葉書である。郵便料金が不足していた場合，受取人が料金を支払うということを知らない子どももいると考えられたため，教材を提示する前に定型の大きさの葉書と定形外の葉書の両方を見せ，「このように普通の大きさとは違う大

きさの葉書を出す場合，別に料金が発生します。もし，料金が足りない場合は，葉書を出した人ではなく，受け取った人が支払うきまりになっています」と補足説明を行った。そのうえで教材を提示した。

　2つ目は，教材の最後に広子が書いた手紙である。広子は，兄と母の言葉を聞いて迷いながらも「正子さんなら，きっとわかってくれる」と思い料金不足のことを手紙の最後に書き足すことを決める。その手紙を用意するのである。料金不足のことを知らせる箇所はあえて書かずに空けておく。こうすることで，授業の中で「正子さんにどのように返事を書いたでしょう」と尋ね，手紙の続きを考えて書くという学習活動を取り入れることができる。子どもは，友達のことを思い信じるからこそ，相手のために本当のことを伝えようとする広子の思いを手紙に綴ることができた。

（太田　晶子）

話し合い活動 のネタ＆アイデア

29 話し合い活動のルールを定める

なぜ話し合うのか

　事前指導なく話し合い活動をさせると，自分の言いたいことをたくさん話す児童と，それを聞くだけの児童に二極化してしまうことがある。そのため，学級開き後，「黄金の３日間」の内に「なぜ話し合うのか」ということを学級全員に考えさせる。話し合い活動の目的を明確にし，学級全体で共通理解しておくことは，道徳科の授業に限らず，あらゆる教科の指導でも生かされるだろう。

　学級の児童全員に考えさせたうえで，最終的に「友達の考えにふれることで，自分（自分たち）の考えを深めたり，広げたりすることができる。そのチャンスがたくさん転がっている」という目的を共通理解する。

話し合い活動のルール

　目的がはっきりしたところで，話し合い活動のルールについて指導する。教師からの一方的な指導だけではなく，児童が自分たちで決めたルールとすることで，より主体的に活動するようになる。以下は，ルールの一例である。なお，発達段階に応じて，表現等は検討する必要がある。
・自分の意見と同じくらい，友達の意見を尊重する。
・友達の意見は最後まで聞く。自分の考えと比べながら聞く。
・自分の考えを話す時は，理由を添えて，簡潔に。
・相手を説き伏せる話し合いではなく，自分の考えを紹介するイメージで。
・「似ているけれど，微妙に違う意見」を大切にする。

（小泉　洋彦）

話し合い活動のネタ&アイデア

30 話し合い活動の下地をつくる

おしゃべりゲーム

　1~16の番号を書いたカードを各班に1セットと，話す話題（16題）を準備する。そして，おしゃべりについてのイメージを聞く。

> 話題例　好きなスポーツは？　最近嬉しかったことは？
> 　　　　今ほしいものは？　大人になったらやってみたいことは？
> 　　　　友達としてみたいことは？　好きな漢字は？　など

①話題を黒板にはり，番号をつける。
②グループをつくり1枚ずつカードをめくって出た番号の話題について話す。
　（1回はパスOK。）
③聞いている人は「なるほど」「そういうことか」
　「すごい」など相槌を打ちながら聞く。
④進めてみて（話してみて，聞いてみて）どんな気
　持ちだったかをシェアする。

いつでも使えるように

　こういったゲームは話題さえ変えればいつでもできる。例えば宿泊学習から帰ってきたら「一番心に残ったこと」「キャンプファイヤーでのこと」「山登りをして思ったこと」などに話題を変えると楽しく振り返り活動もできる。慣れてくると自分たちで話題をつくってできるようになり，宿泊活動の合間や休み時間などでも実施している。

（鎌田　賢二）

話し合い活動のネタ&アイデア

31 聞き方を高める

ベースを高める

　話し合い活動は，お互いの良さや新たな考えに気づくために必要である。話し合い活動のベースとして全体の聞く姿勢は欠かせない。話し合い活動が活発になるための聞く姿勢を高めるアドバイスを以下のようにする。
①話し合いは「聞く側」が重要である。
②「聞く姿」についてロールプレイをしてどちらが聞いているように見えるかをおさえる。→「聞く」から「聴く」に（目と耳と心で）
　・目を合わせ，うなずきながら「へぇ」「なるほど」と笑顔で答える。
　・目をそらせ，手遊びしながら「あっそう」「ふうん」とそっけなく。
③②の他にどういった動き（発言）が聴いていることになるのかを5つのキーワードで伝える。
　【質問】～について質問です。【感想】～についての感想で…です。
　【言い換え】～さんの言っていることは…です。【動き】指示通りに動く。
　【同じ・違い】～さんと同じで（違って）…です。
　※これらは目に見える聴く評価になる。
④授業を進めながら②③の具体的な姿が現れたらその場でストップしてクラス全体にすかさず広めて認める。

　こういった指導を繰り返し，聞くことができるようになると自然と話す機会が多くなる。まさしく「良い聞き手」が「良い話し手」を育てるという視点である。「聞く」から始めて，「聴く」にし，話し合い活動のベースを高めてほしい。

（鎌田　賢二）

話し合い活動のネタ&アイデア

32 ペアトークを効果的に取り入れる

どのようにペアトークを取り入れるか

　授業の中で、ペアトークをどの段階で、なんのために取り入れるかを考える必要がある。発言が苦手な児童にとっての、単なる一斉学習前の発表練習に留めないことが大切である。

　そのために、ねらいとする道徳的価値に関する「ついつい話したくなるような発問」をするとよいだろう。例えば、小学校高学年で「家族愛」についての授業をする際、導入で「家族に対して、不満を抱いたり、反抗的な態度を取ったりした経験はありますか？」と発問すると、短い時間の中でもたくさんの思いや経験を話す児童が多い。ペア同士で共感し合えるテーマであると、話し合いの活性化も期待できる。

　ペアトークをさせる際、隣の席の児童同士で組ませることが多いが、その他の組み方も考えられる。例えば、教師が意図的にペアを組んでおき、席を離れて移動し、教室内で自由に話し合わせることもできる。少し環境が変わるだけで、本音が出しやすくなる児童もいる。

ペアトークの時間配分

　ペアトークの時間をどれくらい確保するかは、授業の中でどこに重きを置きたいかによって決まるが、あまり長い時間を与えないようにする。その後の展開のために、「もっと考えたい、まだまだ話し合いたい」と思わせるようにしたい。
　　　　　　　　　　　（小泉　洋彦）

第2章 「考え、議論する」道徳のネタ&アイデア100

話し合い活動 のネタ&アイデア

33 話し合い活動を活発にする「問い」を用意する

リフレーミングする

リフレーミングとは枠組みを変えるということ。話し合い活動においては,視点を変えることで多面的・多角的なものの見方を引き出し,より話し合いを活性化するための手法である。視点を変えるには様々な方法が考えられるが,ここでは「問い」を中心に考えていきたい。

多様な問いを用意する

「いろいろな角度から主人公の気持ちを考えましょう」「発想を変えて主人公の気持ちを考えよう」というような発問では抽象的で,多様な意見は出てこない。それどころか,今まで子どもたちがもっているものからしか発言をすることができない。そうなると,もっている意見が少なくなり,話し合い活動になりにくい。そこで話し合い活動に入る前に十分に子どもたちから思いを引き出したい。そのときに必要になるのが「問い」である。

例えば,
「主人公がもし男の子だったら？」
「お店の人から主人公を見ると？」
「もし雨が止んでいたらどうだったのだろう？」
「そのとき嫌な気持ちだったら？」

などというように視点を切り替えた問いを用意しておくことで子どもたちの多面的・多角的な考え方が引き出されてくる。そのような切り替えの発問を続けていくことによって多様な考えをもち,話し合いが活発になる。

(鎌田　賢二)

話し合い活動 のネタ&アイデア

34 グループトークを効果的に活用する

グループトークの留意点

　グルーピングについては，児童の実態を考慮する。ねらいとする道徳的価値の理解や家庭環境，児童同士の人間関係などを把握し，グループを構成する。特に，いじめに関する教材を扱う際は，十分に留意する必要がある。

　また，教師が不用意にグループトークに介入しない。教師が入ることで児童だけでの話し合いが止まり，児童が主体的に進めることが難しくなる。教師は話し合いの様子を外から見取り，その後の一斉指導に生かすようにする。

　グループの人数は，3～5人が妥当ではないだろうか。もちろん，発達段階や扱う教材，内容項目によって調整することになるが，グループの児童全員が発言し，意見を交流させられるような構成にしたい。

　グループトークはあくまで手段であり，目的ではない。その活動で，どんなことに気づかせたいか，何を学ばせたいかについて，教師が明確なプランをもっていることが大切である。

CM発表

　グループトークの際に，発表のさせ方の工夫として「CM発表」を挙げる。自分の考えを長々と話すのではなく，要点と根拠を明確にし，15秒程度で発表させるというものである。特に，小学校高学年では筋道を立てて考え，相手にわかりやすく伝えるよう指導する時に有効な手法である。

（小泉　洋彦）

話し合い活動 のネタ&アイデア

35 座席を工夫する

場の設定を工夫する

　話し合い活動において，場の設定は重要である。雰囲気をつくることで活性化する面もある。グループ活動では机を向けて話し合うことはよくあるので今回は，クラス全体の雰囲気づくりのための座席を紹介する。

○1つのものに注目させながら話す。
○映像を1つのテーマに話し合う。
○話し合いのテーマが横にそれにくい。

1点集中型

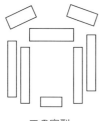

○子どもとの距離感を感じさせないようにする。
○子ども同士での話し合いを活発にさせたい。
○認め合いを促したい。
　（互いの顔が見え，話が聞きやすい。）

コの字型

　これらの型には一長一短あるので，そのときの話し合い活動に一番適した形で進めていくとよい。座席の変化とともに子どもたちの話し合う雰囲気もどんどん良い方向に進む。

（鎌田　賢二）

話し合い活動 のネタ&アイデア

36 司会カードを活用する

グループ内で司会を立てる

　クラスの全ての子どもが発言し，話し合い活動が活発になるようグループで司会を立てて話し合うために司会カードをつくる。

> 司会カード（例・２年生）
> 　　　話し合いのしかた
> ①今から話し合いをはじめます。
> 　正しいしせいですわって　ともだちの話は目と耳と心で聞きましょう。
> ②いけんがある人は手をあげてください。
> 　（なければ）じゅんばんにあてます。～さんおねがいします。
> 　わたしもいけんを言います。
> ③しつもんやかんそうはありませんか。
> ④ほかにありませんか。
> ⑤ありがとうございました。これで話し合いをおわります。

　カードの中の①はクラスでの約束を班の中でも大切にし，聞く大切さを自覚させる。②に対して③の質問や感想を言えるようにする。高学年ではやりとりを二往復（質問→回答）できるようになると価値を自覚するための支援となる。④については班によっての時間差を埋める工夫である。時間がある限り活発に話す姿勢をもちたい。⑤は話し合いが上手にできたのは「みなさんのおかげです」という気持ちをもち，次回の話し合い活動を楽しむ準備としている。

　この司会カードは他教科でも使うことができる。カードの項目は何でもよいが，各項目に指導者の思いや願いが込められていることが大切だと考えている。常時班活動で進めていると話し合いが十分に機能していくので司会カードをラミネートしていつでも使えるようにしておくとよい。　（鎌田　賢二）

話し合い活動のネタ&アイデア

37 討論形式で深める

二項対立型の討論

　モラルジレンマ教材等を扱う際に，多く取り入れられるのが二項対立での討論である。例えば，内容項目「規則の尊重」と「生命の尊さ」を扱う場合，どちらが正しいかに終始するのではなく，「なぜ，そう思うのか」ということを一番に考えさせたい。また，「きまりと生命，どちらが大切か判断できない」という中立的な意見も尊重するべきである。その意見や考えが，討論での深い学びにつながることが多い。

　ネームプレートを黒板に貼ったり，座席の配置を工夫したりして，授業全体を「見える化」するとよいだろう。討論となると相手側を論破することに夢中になる児童が多くなるので，教師が話し合いを適切にコーディネートする必要がある。時には，立場を反対にして考えさせることも有効である。

　終末で，教師が「私は〇〇の方が大切だと思います」等と安直に結論を出さないよう留意しなければならない。

個人で考える時間の確保

　学級全体で討論をさせる場合，その前に個人でじっくり考えさせる時間を確保したい。できれば，ワークシートやノートに自分の考えを書かせる時間も設定する。

　自分の考えが漠然としたものだと，討論が進むうちに周りの意見に流されてしまうことが多いからである。

（小泉　洋彦）

話し合い活動のネタ&アイデア

38 異なる考えの児童同士のグループトークを仕組む

あえて教師が全てを見取らない

　異なる考えをもった児童を，教師が意図的に集めて小グループを構成することがある。事前アンケートや学校生活の様子を考慮し，ねらいとする道徳的価値について，あえて意見が対立するようにグルーピングをする。教師が全グループの話し合いを見取ることはできないが，一斉指導の際にそれぞれのグループでの葛藤や対立，あるいは歩み寄りが「生きた意見」として出されることが多い。

　教師の介入がほとんどないので，児童が自由に意見を交流させることができるというメリットがある。時には，休み時間まで話し合いを続けようとするグループも生まれる。グループの構成を工夫するだけで，ここまで話し合いの活発化が図られるのかと，教師として驚くこともあった。

　ただし，その反面，当然デメリットも存在する。教師が見ていないところで，人間関係の強弱によって傷ついている児童や本音で話せていない児童，一言も発言しない児童がいるかもしれない。そういった児童に対しての配慮を欠かしてはいけない。無論，いじめを扱う教材では絶対に取り入れてはいけない。

いつやるのか

　教師が児童の人間関係を適切に把握し，指導に生かせる段階にならないと取り入れるべきではないと考える。そのため，私は児童理解に努めたうえで，2学期以降の「学級経営上の中だるみ」が生じる頃をねらって実践するようにしていた。

（小泉　洋彦）

話し合い活動のネタ&アイデア

39 ジグソー法を活用する

道徳科におけるジグソー法

　ジグソー法とは，三宅なほみ東京大学名誉教授が提唱した，児童生徒同士の話し合いを重視した新しい授業スタイルである。道徳科においての活用の一例として，「落書き」を扱った授業を挙げる。
①「落書きがなぜいけないのか」という問いに対する答えを１人で考える。
②３人グループをつくり，１人目が「法的な側面」，２人目が「落書きをされ，迷惑を被っている人の声」，３人目が「落書きを消す活動をしている人の声」についての資料（情報）を受け取る。（エキスパート活動）
③３人がその資料を持ち寄り，自分が担当した内容の説明をする。そして，３人でそれぞれの資料をもとに話し合い，問いへの答えを導き出す。（ジグソー活動）
④３人で出した答えを，根拠とともに学級全体に向けて発表し合う。それぞれのグループの答えと根拠を検討し，その違いを把握したうえで，最後に一人一人が自分なりのまとめをする。（クロストーク）

問題解決型学習への新たな可能性

　ジグソー法自体は，あらゆる教科の指導で活用することができる。道徳科においては，特に問題解決型学習で有効ではないだろうか。指導の形骸化を防ぐためにも，新たな指導法に挑戦し，授業評価をすることで，授業改善を図っていきたい。　　　　　（小泉　洋彦）

話し合い活動のネタ&アイデア

40 身につく力を自覚する

話し合い活動の後の振り返り

　話し合い活動の後にさらに全体でグループの意見などをまとめて話す機会があるが，それで終わるのではなく，「友達の意見を聞いてどう思ったのか」「話し合いをして良かったこと」などを簡単にまとめる機会がほしい。話し合い活動が自分にとってより意味があるものなのだということを自覚させることによって次への話し合い活動への意欲づけにもなる。

振り返りで自覚を深めるために

　話し合いや学習活動の後に感想を書くことがあるが，その中に「友達の意見を聞いて」という欄を設ける。
　その欄には，友達の意見を聞いて
・「新たに考えられたこと」
・「自分の思いと同じだったこと」
・「自分の思いと違ったこと」
について記述させることで自分の思いを振り返る。考えが整理されることにより思いが確かなものになる。はじめは上記3点を選択肢の中から選ばせることで引き出された思いを整理するという方法でもよい。

（鎌田　賢二）

板書 のネタ＆アイデア

41 横書きでダイナミックな流れをつくる

　道徳科の学習において，実践と板書とは切っても切れない関係にある。しかし，黒板があまりにも当たり前のものとして存在しているがために，その役割や活用の在り方について深く思いを致すことなく，ただ漫然と文字を書き連ねただけの板書を見ることも少なくない。この「板書のネタ＆アイデア」の章では，黒板を道徳科の学習で効果的に活用していくための工夫を紹介していきたい。

　はじめに，「漫然と文字を書き連ねただけの板書」と書いたが，道徳科の学習の板書と言われた時，どのようなものを思い浮かべるだろう。下に示したのは，教材名「消えたマイケル」（文溪堂5年）の実践での板書であるが，このように縦書きで右から左へと書き進めていくことが多いのではないだろうか。

　縦書きの板書は，確かに整然と子どもたちの意見を書くことができるが，学習の流れをよりダイナミックに反映させるのは難しい。「教科書が縦書きの場合は，板書も縦書きで」という意見もあるが，子どもたちの学びを支える重要な教具として黒板を位置づけるためにも，「横書きでダイナミックな流れをつくる板書」をアイデアとして紹介したい。

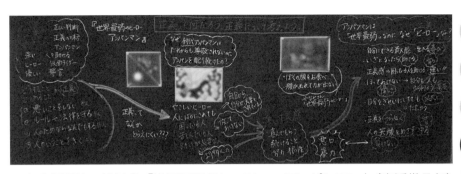

　上の板書は，教材名「世界最弱のヒーロー，アンパンマン」（文溪堂5年）の実践での板書である。

　最初に，本時の内容項目である『正義』についての子どもたちの認識を，黒板左側に示しながら，「正義ってわかっているようでなかなか捉えにくいものだな」という問題意識を明確にした。

　そこを出発点にして，黒板中央下に向けて教材に対する問いと，それについての子どもたちの思いや考えを書き進め，本時の核心的な問いを黒板右に位置づけた。

　横書きの板書のポイントは，

　　・枠囲みなどで子どもたちの意見を整理し，空間をうまく使うこと

　　・子どもたちの思考の流れを矢印で示すこと

である。

　板書の基本として，子どもたちの意見をある程度のまとまりで捉え，すっきりと書くことが求められる。縦書きだと，どうしてもだらだらと書いてしまいがちだが，横書きで一定のエリアを区切っておくと，無駄なことを書くことができず，結果としてすっきりとまとまる。そして，それらを矢印でつなぐことで，子どもたちの思考の流れも可視化できる。

　横書きでダイナミックな流れをつくることは，子どもたち自身が思考の流れを整理して捉え，主体的に考え，議論する道徳科の学習に板書を効果的に活用するための1つの方法である。

（木原　一彰）

板書のネタ&アイデア

42 子どもたちの意見をウェブにまとめる

　『学習指導要領解説　特別の教科　道徳編』において，「道徳科では黒板を生かして話合いを行うことが多く，板書は児童にとって思考を深める重要な手掛かりとなり，教師の伝えたい内容を示したり，学習の順序や構造を示したりするなど，多様な機能をもっている」として，教師の意図に基づいた板書の活用が求められている。これは，授業構想や展開が違えば，用いられる板書のアイデアも自ずと異なることを示している。

　私は，道徳科の学習で教材を読んだ後，中心発問に向けた基本発問の代わりに，子どもたちの感想交流を位置づけることが多い。この感想交流を板書で表す時には，子どもたちの多様な意見の整理が難しい。そこで，「子どもたちの意見をウェブにまとめる」アイデアを紹介したい。

　上の写真は，教材名「おみまい」（文渓堂４年）の実践での板書である。導入後に学習テーマを設定し，教材を範読した後，感想交流を行った実践である。

　２つの場面絵を中心にして，子どもたちの感想交流を板書にまとめようとすると，どうしても網羅的，羅列的になってしまい，それぞれの子どもたちの考えを的確に位置づけることができない。ここで，ウェブを使って子ども

たちの発言をまとめると，感想交流での板書の問題が一気に解決する。

右の写真は，ウェブにまとめた部分を拡大したものである。それぞれの場面について子どもたちが考えたことや思いをつないでいる様子がわかっていただけるだろう。

感想交流をウェブにまとめる効果として，以下の2点が考えられる。

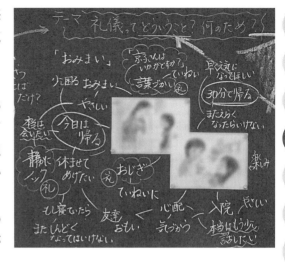

・誰の，どの意見に対して，自分がどのような考えをもったかを，より明確に位置づけることができる。
・子どもたちの発言のつながりによって，本時の学習で追究すべき課題が明確になる。

ウェブによって，子どもたちそれぞれの考えと，そのつながりが明確に見て取れる。また，新たな考えが積み重なることで，子どもたちがそれを活用しつつ自分の考えをより深めることもできる。板書の内容が，子どもたちにとって「思考の道具」として活用されるのである。

また，この学習では，子どもたちが主人公の行動に対する礼儀正しさを認識しつつも，「自分たちが，なぜそう感じるのか？」ということが追究すべき課題として浮かび上がってきた。互いの意見をつなげることで教材のもつ本質的な問いが明確になるのである。

ウェブを効果的に活用することによって，子どもたちの中に，他者の意見を受け入れつつ，自分の考えを主張しようとする意識が醸成されることが期待できる。

（木原　一彰）

板書のネタ&アイデア

43 二項対立と
その解決策を位置づける

　道徳科における問題解決的な学習は、「これまでの道徳授業の多くが、読み物資料の登場人物の心情理解を中心とする指導に偏っていた」と批判された授業形式を乗り越えるための、1つの方法として提示されている。

　相反する道徳的価値についての立場をふまえ、その解決策を検討するような問題解決的な学習では、流れをつくる板書とは異なる構造の板書が求められる場合がある。

　この節では、問題解決的な学習における板書のためのアイデアとして、「二項対立が分かるように書く」ことを紹介したい。

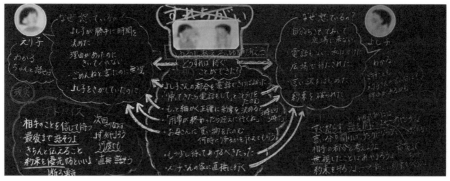

　上の板書は、教材名「すれちがい」（文渓堂5年）の実践での板書である。授業の大まかな流れは以下のとおりである。
①教材を読んで、よし子とえり子がなぜ怒っているのかと、それに対する自分の考えを発表する（道徳的問題の把握）。
②どうすれば2人のすれちがいを防ぐことができたのか（理想的解決策の検討）。
③すれちがったままの2人に対して、あなたはどんなアドバイスをするか？

(現実的解決策の提案)
④みんなのアドバイスに共通していることはどんなことか？（内容項目の深い理解）

　まず①の問いで，2人を黒板の左右に配置し，2人の立場を道徳的諸価値に照らして客観的に捉えることで，教材に示された道徳的問題の状況を明らかにした。2人を対極に配置することで，それぞれの立場の違いがより明確になった。

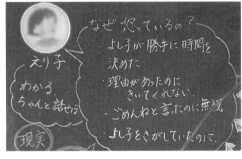

　そのうえで，②の発問で，道徳的問題をどうすれば防ぐことができたかについて，具体的な解決方法を考え，それを黒板の中心に据えた。

　さらに③の発問で，②で考えた理想的解決策を現実のものにするための方法を，2人へのアドバイスという形で考えた。これは，①の板書の下に書いていった。

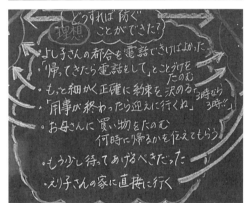

　授業の展開から見た板書の構造としては，黒板の左右から中心に迫り，また左右へと展開していく流れである。

　道徳科における問題解決的な学習では，対立する立場を対極に据えたうえで，よりよい生き方はいかにして可能になるかという子どもたちの思考を中心に位置づけることで，授業の構想と展開が板書とマッチする。そういった学習を意図的につくっていくことで，子どもたちが相手の立場を最大限に尊重する相互承認の意識を高めることができる。

（木原　一彰）

板書のネタ＆アイデア

ネームプレートを活用する

　道徳科の学習で，子どもたちが１つの問題に対していくつかの立場から語る場面を構想することがある。始めは自分の立場を明確にしながら語っていても，話し合いが進む中で自分の立場や意見が揺らいだり，時には立場を変えたりすることもある。こういった学習の営みこそ，「考え，議論する道徳」の求める１つの形だと言える。

　しかし，子どもたちの立場や意見の明確化について何の工夫もなされていなければ，今何を考え，どの立場から語っているのかということを，子どもたち自身がわからなくなり，結果として議論にならないことがある。

　様々な教材や教具によって，この問題の解消は可能であるが，この節では，「ネームプレートを活用する」ことで，子どもたちの立場や意見を視覚化する板書のアイデアを紹介したい。

　上の板書は，教材名「おばあさんのおむかえ」（文渓堂４年）の実践での板書である。

　「家族を思う心について考えを深めよう」というテーマを設定し，学習を進めた。そして，中心発問で，「この場面（おばあさんが，主人公のために雨の中かさを届けに来た）で，あなたが友紀（主人公）ならどうしますか」

と発問した。理由もあわせて考えることで，子どもたち自身が自分の立場を明確にして議論することを意図した学習活動である。

ここで，ネームプレートを活用した。「いっしょに帰る」と「先に帰ってもらう」を横軸に置き，自分の考えをその直線上に位置づけるようにネームプレートを貼らせた。それぞれの先に行くほど思いが強く，どちらの立場か迷うほど中心の近くにネームプレートを貼ることで，子どもたちの思いの微妙なニュアンスも感じ取ることができるようにという意図である。また，「そのほかの行動をとる」という第3の道について考えた子どもたちは，横軸の下に場所を設けた。

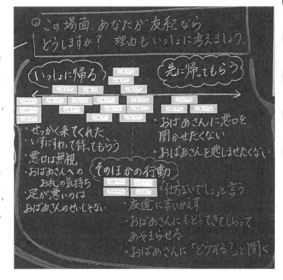

ネームプレートを貼ったうえで，それぞれの立場を選んだ理由を話し合った。そして，話し合いが進む中で，自分の立場や意見が変わった場合には，自由にその位置を変更した。

子どもたちは，ネームプレートを貼った板書によって，常に自分の立場を意識しながら話し合いに参加することができた。また，ネームプレートの位置を変えることで，自分の考えがどのように変わったかについても，明確に意識することができた。このネームプレートの活用は，1つの道徳的問題に対して二項対立があるような教材では特に有効な手段であるが，「第3の道」を選ぶことができるような板書の構造にすることは留意したい。それが結果として，子どもたちの多様な考えを保障することになるからである。

（木原　一彰）

板書のネタ&アイデア

45 道徳的諸価値の関連を示す

　『学習指導要領解説　特別の教科　道徳編』の「第3節　指導の配慮事項　6　情報モラルと現代的な課題に関する指導」において，現代的な諸課題には多様な見方や考え方があり，その学習のためには，「複数の内容項目を関連付けて扱う指導によって，児童の多様な考え方を引き出せるように工夫することなどが考えられる」と明記された。

　これまで「複数の価値が混在するものはすべて行為であり，『道徳的実践』の範疇である。道徳の時間は内面に関わる『道徳的実践力』を養う時間だから，複数の価値を扱ってはいけない」とされてきたが，道徳科の授業においては，中心価値に対して他の諸価値がどう関連すれば自らの生き方として実現可能なのかを考える授業実践が必要になる。

　現代的な諸課題だけでなく，人物の生き方に学ぶ道徳科の学習において，道徳的諸価値を関連させた学習を構想する際には，板書もそれに対応した形をとる必要がある。この節では，「道徳的諸価値の関連を示す」板書のアイデアを紹介したい。

　右の板書は，教材名「かけがえのない服，かけがえのない仕事」（NHK道徳ドキュメント）の実践での板書である。現代的な諸課題のひとつである，「働くことの意義と意味」について考える学

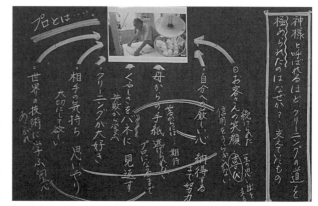

習として実践した。

中心発問を「神様と呼ばれるほど、クリーニングの道を極められたのはなぜか。その生き方を支えた思いに迫ろう」とした。これは、本時の中心となる内容項目「勤労、公共の精神」を、他の諸価値がどのように支えることによって実現しているのかを、多面的・多角的に考えるための問いである。

それに合わせて、板書も上部中心に中心となる内容項目とその挿絵を配置し、その下に「個性の伸長」、「希望と勇気、努力と強い意志」、「家族愛」など、中心となる内容項目を支えた思いについて構造化して書いた。

下の板書は、教材名「小川笙船」（『私たちの道徳　五・六年』）の実践の板書である。先人の生き方に学ぶ学習として実践した。

中心発問を「町医者として十分に生きていけるのに、笙船はなぜ小石川養生所の設立を訴え、活動したのか。彼の生き方を支えていた思いに迫ろう」とした。本時の内容項目である「役割・責任」

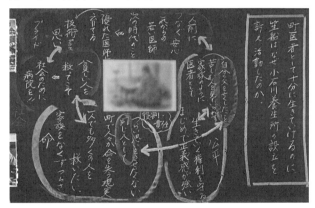

（新学習指導要領では「よりよく生きる喜び」にあたる）が、他の道徳的諸価値とどのように関連して実現されているかを構造化する板書とした。

笙船の挿絵を中心に、彼の生き方を支えていた思いとして、「公正、公平、社会正義」や「生命の尊さ」、「勤労、公共の精神」や「個性の伸長」などがあったとする子どもたちの考えを配置した。

こういった形で、中心となる内容項目とそれらを支える道徳的諸価値とを構造的に板書することで、自分の立場や考えを明確にするとともに、複数の内容項目がどのように関連づけられるのかが視覚的に捉えやすくなる。

（木原　一彰）

板書 のネタ＆アイデア

46 学習テーマを中心に位置づける

　道徳科の学習を構想するにあたって，本時の学習を貫くテーマを設定し，そのテーマに基づいて授業実践を行うことが，「考え，議論する道徳」を実現するうえで重要だと考える。

　本時の学びの核となる部分を子どもたちと共有し，本時の学習の方向性について具体的なイメージをもつためにも，学習テーマを板書の中心に位置づけたい。この節では，「学習テーマを中心に位置づける」板書のアイデアを紹介したい。

　下の板書は，教材名「不思議なぼくの気持ち」（文渓堂４年）の実践での板書である。本時の中心となる内容項目「親切，思いやり」について，親切という道徳的行為を自分から進んで行うための判断や心情を追求する学習を構想した。

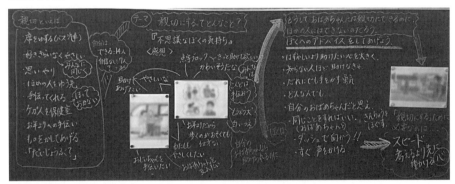

　そこで，「相手のことを自分のことのように察し，それを躊躇せずに行動する実践意欲と態度を育てる」ことを，本時のねらいとして設定した。そして，このねらいに基づいた本時の学習テーマを，「親切にするってどんなこと？」として，板書の中央上部に位置づけた。

学習テーマを板書の中心に位置づけることにより，教師はもちろん，子どもたちも本時の学習のねらいからぶれることなく考えることができる。それは，教材で学ぶ場面だけでなく，内容項目について自分との関わりで考える場面でも有効である。

　もう１つの板書は，「絶望の中で見つけた光」（文渓堂６年）の実践のものである。本時の中心となる内容項目「生命の尊さ」について，過去のエピソードとして教材を見つめるのではなく，私たちを取り巻く社会の問題と関連させることで，より深い思考へと誘うことを意図した学習を構想した。

　そこで，学習テーマを「命の大切さについて深く考えてみたい」とし，板書の中央に位置づけた。

　板書では，「深く」の部分だけを色を変えた。板書中央に学習テーマが位置づけられていれば，わずかな色の変化にも教師の意図があることを，視覚的に子どもたちに伝えることができる。

　実際の学習では，教材を通して命の大切さについて考えたうえで，「命は大切だとわかっているのに，それでも戦争が世界中で起きている。なぜ，人の命を奪うのか？」と問いを続けた。自分中心の世界観や憎しみの連鎖，ひいては社会の中での格差の問題にまで子どもたちの思考は広がりを見せたが，これは，板書の中心に位置づけた学習テーマの効果も大きかった。

　学習テーマの設定は，「考え，議論する道徳」を実現する鍵の１つである。板書にしっかりと位置づけることで，ぶれない授業を構想したいものである。

（木原　一彰）

板書のネタ&アイデア

場面絵を活用する

　場面絵を板書に活用することはよく行われていることであり，珍しいことではない。では，なぜ場面絵を板書に活用するのだろうか。それは，場面絵が子どもたちの想像性を高め，思考の手助けとなるからだと考える。場面絵の活用の仕方によって，話し合いの質も変わってくる。ここでは，どのような意図で場面絵を活用するのか，いくつかの実践例をもとに紹介したい。

　まず，下の写真は，教材名「はっきり言えるようになった」（光村図書3年）の実践である。この板書の特徴は，場面絵と登場人物の心情を関連づけていることにある。そのため，左上に行くにしたがって高さを変えているのは，登場人物の心が前向きに変容してきていることを視覚的にも実感できるようにするためである。こうすることで，場面絵で登場人物の心の様子を確認しながら，話し合いを進めることができる。そして，授業のまとめでは板書を一目見るだけで，登場人物の変容を確認でき，自分の経験と重ね合わせて考えやすくなる。そのことが，読み物教材の登場人物を自分に置き換えながら，具体的に道徳的諸価値を理解しようとすることにつながっていく。実際，主人公と同じような境遇にあった子どもは，場面絵を見ながら話し合いを進めていく中で，主人公の心が前向きになっていく過程を理解しつつも，

その道徳的価値を実現することの難しさについて自分事として捉えようとしていた。このように，場面絵を提示する高さを少し工夫するだけでも，子どもたちの思考を助けることにつながっていく。

次に，下の写真は教材名「ろばを売りに行く親子」（光村図書３年）の実践である。この板書の特徴は，全場面絵を横並びに提示し，出来事の流れを確認することにある。そうすることで，全場面を通して行動を比較することができ，多面的・多角的な見方・考え方への発展を期待する意図がある。

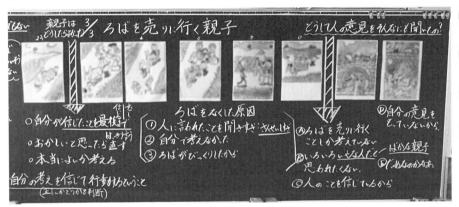

実際に子どもたちは，各場面の行動に着目し，ここが問題だという場面をそれぞれが発表していた。意見を発表していく中で，自分と違う考えにふれることができた。「自分は，ここが問題だ」と感じていることを指し示しながら意見を述べることができ，発表者にも聞き手にもわかりやすい。横並びに提示することのよさは視覚的に比べやすいということである。１つの場面だけにこだわっている傾向にあった子どもたちは，比較して思考していく中で「自分の考えをもたずに，人の言うことばかりを信じてしまったことが問題だ」という考え方に変容していった。

場面絵の活用は，様々あるが，その意図を明確にし，子どもたちの思考の手助けとなるようにしていくことが大切である。

（門脇　大輔）

板書のネタ＆アイデア

48 教材に関連する資料を活用する

　読み物教材を使って，学習を進めていく際，教材文の中だけで学習を終わらせず，自分の生き方についての考えを深めていくことを目指したい。そのためにも，教材に関連する資料を活用して，対話を深めることが大切になってくる。ここでは，自分の生き方についての考えを深められるような教材に関連する資料の活用について紹介したい。

　上の写真は，教材名「新ちゃんの流しびな」（育鵬社）の実践である。ねらいは，「生命の誕生と死について考えることを通して，生命を大切にしようとする心情を育てる」である。この学習の板書には以下3点の関連資料を登場させている。

❶流しびなの写真

　流しびなについて知らない子どもが多い実態を踏まえて提示することにした。また，流しびなについての理解は，教材をもとに話し合いを進めるうえで重要であると考えた。このように，児童の実態を踏まえ，必

要なものは関連資料として先に提示しておくと効果的である。

❷我が子の写真

ここでは，我が子の写真を提示した。教師も人である。我が子に願いを込めて名前をつけたことを紹介した。これは，教材文中の死亡届けを出すために名前をつける場面と比較し，人間の生と死の大きさを感じ取ってほしい意図があった。

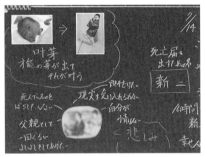

❸シャボン玉の歌詞

学習の終末に，シャボン玉の歌詞を提示した。シャボン玉の歌詞は作詞家の野口雨情が，幼くして亡くなる子どもの死を悼んでこの詩を書いたものである。子どもたちがよく知っているこの歌に，そのような背景があったことを知ることで，

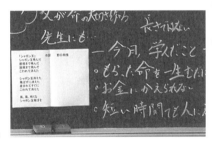

生と死について，より現実問題として捉え，考えを深めていくことにつながっていった。

生き方についての考えを深めるために，関連した資料の活用方法の一端を例示した。関連した資料を板書に位置づけることは，子どもたちが道徳的問題を話し合ううえでのイメージを支援したり，驚きを生んだりする。子どもたちは様々な生き方を知りたがっている。だからこそ，魅力ある関連資料を提示することで，子どもたちは主体的に生き方についての考えを深める学びに向かっていく。

（門脇　大輔）

板書のネタ＆アイデア

49 ラベリング・ナンバリングを活用する

　板書は話し合いを進めるうえで，子どもたちの思考の手助けとならなければならない。板書が出てきた意見を羅列してあるようなものであれば，子どもたちの思考の整理にはつながらない。では，子どもの意見をどのようにまとめればよいのだろうか。そこで，ここでは子どもたちが見やすく，思考の手助けにつながるための工夫として，ラベリング・ナンバリングというまとめ方について紹介したい。

　右の写真は，教材名「絵葉書と切手」（学研3年）の実践で，ラベリングを使った板書である。ラベリングとは，似た意見でまとめ，そこに小見出しをつけていく方法である。ここでは，「切手の代金が足りなかったこ

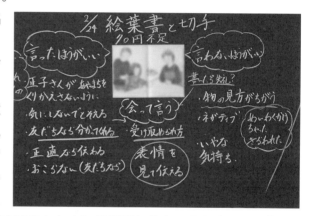

とを友達に言ったほうがよいのか」という話題から出てきた意見に，「言ったほうがいい」「言わないほうがいい」「会って言う」の3つの小見出しをつけた。小見出しをつけることで，自分の考えは，どれと一緒なのかを視覚的に捉えることができる。また，小見出しがついていることで，自分の考えが変容した際も，自分は「言わないほうがいい」だったけど，「言うほうがいい」のほうに変わったなどとメタ認知を促進することにもつながる。

　似た意見をまとめて，ラベリングをすることで，子どもたちは思考が整理され，対話が深いものになっていく。

92　◆

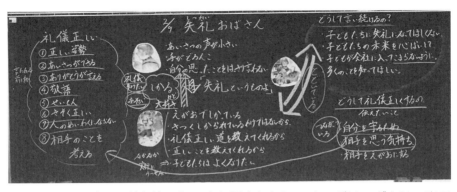

　次に，ナンバリングを使った工夫を紹介したい。ナンバリングとは，出てきた意見に記号（①・②，A・Bなど）をふることである。

　上の写真は教材名「失礼おばさん」（学研3年）の実践で，導入でナンバリングを使った板書である。礼儀正しさについて，もともと子どもたちがもっている考えを全て出し，記号をつけることで自分たちはどれくらいの理解があるかについて視覚的に捉えることができる。ここでは，7個の考えが出てきたが，自分たちの知らない8個目を考えたいという意欲の高まりにもつながった。

　ナンバリングは，話し合いで出てきた意見をもとに新たな意見を生み出すのにも有効であり，例えば，「AとBの意見を混ぜて考えてみるとCのように考えることができる」などの発言が生まれるなどの効果が期待できる。また，子どもたちが発表する際に，「Aの意見と似ていて……」など，記号の呼称をもとに話をするので，発表者も話しやすく，聞いている人にもわかりやすいというメリットがある。そして，授業をコーディネートする教師にとっても，子どもたちの意見を整理することで，ねらいへ向けて的確な発問等ができるようになる。

　ラベリングやナンバリングを効果的に使うことで，子どもたちが話し合いを行いやすくなり，対話が深まることが期待される。

※参考文献　坂本哲彦『道徳授業のユニバーサルデザイン』東洋館出版社

（門脇　大輔）

板書のネタ&アイデア

50 吹き出しを活用する

　吹き出しは，視覚的に印象づけることができる性質上，板書においては，意図的に使うことで，子どもたちの思考の手助けとなることが期待できる。一言に吹き出しと言っても，使い方は様々であり，その使い方を分類してみるといくつかの種類に分けることができる。ここでは，2種類の吹き出しについて紹介したい。

　1つ目は，登場人物の実際の言葉の裏に隠された思いや願いについて多面的・多角的に考えるための吹き出しである。上の写真は「BE GENTLEMAN──クラーク先生の宣言」（育鵬社）の実践である。クラーク先生が札幌農学校のきまりを廃止したにも関わらず，生徒たちがきまりを守るようになったのはどうしてかを考えていった。その中で，子どもたちはある1つの言葉に着目した。「ただ退学あるのみ」という言葉である。規則をやぶったら退学するという強烈な言葉に着目するのは子どもの自然な思考の流れである。そこで，その言葉を吹き出しにして板書し，あたかも今，クラーク先生が言っていると感じられるようにした。そうしたことで，子どもたちはクラーク先生の言葉の裏に隠された思いや願いについて話し合いを始

めた。

　吹き出しで登場人物の言葉を扱う場合は，その言葉の裏に隠されている思いや願いについて考えることで，多面的・多角的な考え方への発展が期待できると考える。

　2つ目は，登場人物の気持ちを考えることを通して，道徳的問題を自分事として捉えやすくするための吹き出しである。

　右の写真は教材名「心ない言葉」（学研3年）の実践である。場面絵と関連させて，そのとき登場人物が思っているであろうことを考えた際，出てきた意見を吹き出しにして板書した。そうすることで，自分と人物を重ね合わせるため，より自分事と

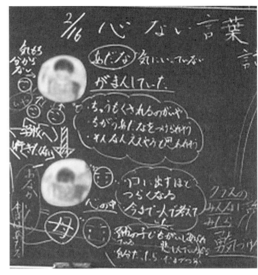

して捉えることができる。実際に，吹き出しを使って板書していくと，あたかも登場人物がそう思っているような言いぶりで発言する子どもも現れてくる。これは，登場人物を通して，自分の考えを発言しているのである。

　吹き出しに子どもたちの意見を書き込むことは，自分事として考えることにつながる有効な手立てであると考える。

　このように，視覚的にもインパクトがある吹き出しに，子どもたちは注目する。よって，吹き出しは子どもたちが着目した言葉，考えた意見など，子どもたちの思考の流れに沿ったものが好ましい。そうすることで，子どもたちは，多面的・多角的な考え方へと発展していったり，道徳的問題を自分事として捉えたりすることができる。また，吹き出しを使う際には，教師がどのタイミングで，どんな意図をもって使うのかを明確にしておきたい。

（門脇　大輔）

板書 のネタ＆アイデア

イラストを活用する

　心の状態を視覚的に捉えられるようにする手立ての1つとして，イラストを活用することが挙げられる。以下，イラストの活用について紹介したい。

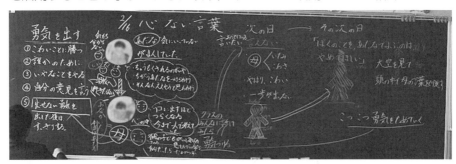

　上の写真は，教材名「心ない言葉」（学研3年）の実践（前出の「心ない言葉」と同一授業）である。主人公は，友達につけられたあだ名が原因で，学校に行きたくない気持ちになる。このとき，まわりの友達，お母さんなどの気持ちを考えるうえで，イラストを活用することにした。「まわりの友達は主人公があだ名についてそんなに悩んでいるとは知らない」という子どもたちの意見から，まわりの友達の様子を笑顔の顔マークで接しているよう板書した。そして，主人公が学校へ行きたくない気持ちを出したところで，涙の顔マークを板書し，その時の様子について考えた。また，「悩んでいる息子を見て，きっと悲しい」という子どもの意見から，母も涙の顔マークで板書しその胸の内を考え

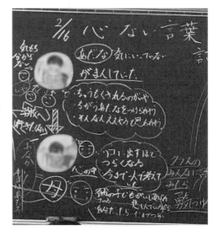

96 ◆

た。顔マークは，ぱっと見ただけで喜怒哀楽がわかり，話し合う際に，視覚的に支援ができる。

次に，心のレベルを表すためのイラストを紹介する。主人公が勇気を出して，あだ名で呼ぶのをやめてほしいと言うまでには段階がある。その時々の心の勇気のレベルを体で表したイラストを使って

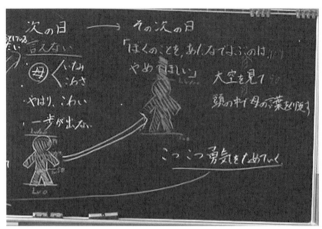

表現することにした。上の写真にある体で表したイラストに，レベル0からレベル100までとして斜線で勇気のレベルを書き入れる。あと一歩で言えるということをレベル99までの斜線で表している。子どもたちの，「言えた日は，勇気はレベル100を超えているんだ」という発言をもとに，イラストにレベル100を超える斜線を書き入れた。そうすることで，言い出せないことを思い切って言うことは，すごく勇気のいることで，簡単にできたことではないということをみんなで共通理解することができた。

イラストを使うことで，人間は単純に何かを成し遂げるのではなくて，悩みや葛藤，できそうだが一歩が踏み出せないもどかしさなど，様々なものが入り混じっている，という生きることの本質に迫っていくことができた。

イラストを活用する際には，明確な意図をもって活用することが大切である。その際，教師の遊び心を活かしたイラストなどがあれば，子どもたちにとっては魅力的なものとなるであろう。イラストの効果的活用によって，視覚的に心の様子が捉えられ，「考え，議論する道徳」の充実が期待される。

（門脇　大輔）

板書のネタ＆アイデア

52 格言や名言を活用する

　格言や名言は，短く簡潔に物事の本質がまとめられているので，学習したことを自分自身の価値として再構成する際の支えになると考えている。その性質上，子どもたちは，自分の心に学んだことを強く印象づけることができる。ここでは，格言や名言の活用について紹介したい。

　下の写真は，教材名「かっこ　からんこ　からりんこん」（光村図書３年）の実践で，格言を使い，板書をまとめた時のものである。物がすぐに手に入る時代，子どもたちの生活の中でも「物がなくなったらすぐに新しい物を買う」という習慣が見られる。この学習で子どもたちは，自分たちの生活と重ねながら，物が手に入るよさやその裏にあるよくない点について考えていった。

　学習の終わりに，心情的な成長を期待して，言志四録の一節を借りてまとめることとした。「書室の中，机硯（きけん）書冊より以外，凡そ平生使用する所の物件，知覚無しと雖も，而も皆感応有り。宜しく之を撫愛（ぶあい）して，或いは毀損すること莫（な）かるべし。是れ亦慎徳の一なり」（言志晩録187条）を簡単にまとめ，「物は生きているわけではないが，感応といって使い手の気持ちを受け止めることができると言われている」とした。

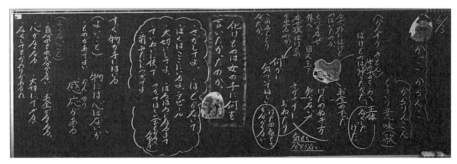

これにより，子どもたちは，今まで考えてきたことと格言とがつながり，物の使い手としての自覚が高まった。時代の風雪に耐えて現代まで伝わっている古典にある格言を板書に活用することは，道徳的諸価値の自覚をするために有効である。

　次に，教材中の名言を使う工夫である。下の写真は，教材名「美しい心」（光村図書６年）の実践で，登場人物のアンリの名言を借りてまとめたものである。教材文中には，物事の本質をつく名言が存在することがある。

　名言を取り出し，板書に位置づけることで，子どもたちを生き方へのあこがれや感動に誘うことができる。アンリの「まず生きよ。しかるのちに哲学せよ」という言葉は，アンリが今道さんに対しておこなった粋な行動の根幹を示している。この言葉を板書に位置づけることで，子どもたちは，アンリの行動に納得し，今道さんの気持ちにまでふれることができた。この一言に含まれる様々な思いを受け止めることで，渡したお金はただのお金ではなく，心の込もった特別なものであるという認識をもつことができたようである。

　格言や名言は，考えをまとめるだけでなく，そこから考えを膨らませる働きもある。ここでは，古典にある格言と，教材文にある名言を活用した工夫を述べた。教師の力量として，普段から様々な格言との出合いを求め，その学習内容にふさわしいものを選択できるような引き出しをもっておくことや，教材の中にある名言を意図的に板書に活かすことができるようにしておくことも大切である。

（門脇　大輔）

ノート&ワークシートのネタ&アイデア

53 道徳ノートをつくる

　道徳の時間が「特別の教科　道徳」となる中で，「評価」についてどのように学校単位で取り組んでいくかが，今求められている。「小学校学習指導要領解説　特別の教科　道徳編」には，その「評価」の在り方が明記されているが，子どもたちの学びを評価していくうえで大切なことは，その子どもたち一人一人の学びを蓄積させ，形として残すことである。学習の積み重ねがあってこその「評価」である。今こそ，どのように子どもたちの学びを残していくかが求められている。今までは「ワークシート」を授業に用いることが多かったのではないだろうか。「ワークシート」は，読み物教材の登場人物の心情や自己の経験を振り返る際に用いることが多かった。「子どもが何を書きたいのか」というよりも「子どもに何を書かせたいのか」という教師主体での活用であった。また「ワークシート」は1枚のプリントであり，保管するのに別にファイルが必要で手間でもあった。ここでは子ども主体で保管しやすいノートの使い方について紹介したい。

どんなノートを使用するか

　ノートの大きさや中身については，子どもたちの発達段階に応じて用意することが望まれる。例えば，低学年では，B5のノート1冊では大きいと思えば，B5のノートを横に半分に裁断して持ちやすく，書きやすいサイズにしてもいいだろう。中学年では字を丁寧に書かせたい，という思いがあるのであれば，罫線入りのノートでも良いだろう。

　私のおすすめはB5のプリントをそのままノートに貼り，プリントがはみ出さないぐらいの少し大きめの市販されているノートである。例えば，授業の内容によっては，ノートがあったとしてもワークシートに子どもたちの生

活の振り返り等を書かせたい時がある。ワークシートをノートに貼ることができればノートがファイル替わりになり，保管しやすい。また，子どもたちにとって「ノート」という存在は，「黒板を写すもの」という意識があるようで，はじめに「ノート」を子どもたちに渡すと，黒板を写す作業に熱中する子が増えてくる。道徳の時間では，「ねらいとする道徳的価値についてどう自分を見つめるか」ということを大切にしたいため，「ノート」には「自分の考え」を書いてほしい。そのため，黒板を写さなくてすむように，見開きで使わせ，左側には，黒板の板書の写真を貼らせ，右側は授業での自分や友達の考えを書くようにする。

どんな時にノートを使用するか

　基本的に「ノート」をいつ使うかは，ある程度の決まり事を決めたら，あとは子どもに委ねてよい。一人一人授業についてどのように考えているかは十人十色である。「考えたことや感じたことを書く」ということを伝えておけば，子どもなりの学びのノートが完成する。下の写真は「星野君と定金君」（文渓堂5年）の授業の時のある子のノートである。ノートのポイントは以下の4点である。

① 「題名」…何の教材を使ったか
② 「日付」…いつ授業をしたか
③ 「まとめ」…自分の生活をどのように見つめたか
④ 「板書プリント」…1時間の授業でみんなでどんなことを考えたか

　一人一人が自分の学びを捉えられるようなノートをつくらせたい。

（遠藤　信幸）

ノート&ワークシート のネタ&アイデア

54 道徳ノートと付箋紙を活用する

　道徳の時間では，1時間のテーマについて，子どもたちの考えや，教材の人物の心情に共感する子どもたちの思いを表出させていきたい。子どもたちの中には「書く」という作業を通すことによって，自身の考えを表出できる子もいる。ただ書いたものをどのように表出させ，それをどのように友達同士で交流させていくかが指導者の腕の見せ所である。ここではノートよりもさらに小回りが利く「付箋紙」の活用方法について紹介する。

付箋紙とは

　付箋紙は，その使い方次第で，「交流させやすい小さいノート」として活用することができる。種類も多くあるので，何を書かせるのかを明確にし，子どもたちの実態に合わせた物を用意したい。子どもたちに考えを書かせた付箋紙を黒板に貼る場合は，ある程度字の大きさが大きくないと，全員で共有することは難しい。そのため，罫線がある方が字の大きさが統一でき，みんなで共有しやすいのである。最初は罫線のある付箋紙がよいだろう。

実際の授業では

　本授業は，教材名「父の言葉―黒柳徹子」（文渓堂5年）を扱った実践である。
　授業では，1時間のテーマを「徹子さんがしたことは思いやりのある行動か」とした。教材を読んだ後に，「思いやりがあるかないか」の立場を明確にさせたうえで付箋紙に書かせた。今回の付箋紙は，黒板に全員分を貼り，かつ何が書いてあるかが見てわかるような大きさである。書かせる前に「黒板に貼っても自分の考えが相手にわかるような大きさで書くこと」と伝えて

から書かせた。テーマについての話し合いでは，まずは付箋紙を読む時間を設けてから話し合いを行ったため，子どもたちは自分と友達との考えを比較しながら，話し合うことができた。この方法だと，子どもたち一人一人から考えを聞いて板書するという作業が短縮されるため，話し合いに十分な時間を取ることができる。授業後は，自分の書いた付箋紙を黒板から取り，ノートに貼って保管することができた。

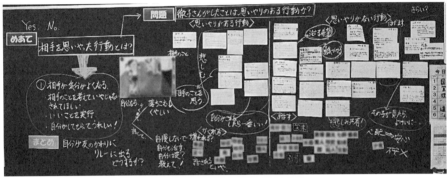

その他の活用方法

　付箋紙の中でも様々な状況において使いやすいのが，手の平サイズの罫線入りの付箋紙である。付箋紙の良さは何度も貼り直すことができることである。例えば，「今日の学習で何を学んだか」という問いについての考えを付箋紙に書かせるとする。授業者が一人一人の付箋紙を確認した中で道徳価値に対する理解が深まっており，他の子どもたちに伝えたいと考える付箋紙が多くあった場合，その付箋紙を違う紙に貼り，印刷して共有し合うことができる。付箋紙は自分の考えを広く伝えることができるツールとして非常に有効であろう。

　あくまでも付箋紙は，子どもの考えを表出させる媒介である。「何を考えさせるのか」という授業のねらいについては，授業者がよく吟味する必要がある。

(遠藤　信幸)

ノート&ワークシートのネタ&アイデア

55 巨大付箋紙で子どもたちの黒板をつくる

　子どもたちが授業のテーマについて自分の考えを表出することができたら，その後にどのような話し合い活動を設定していくかが教師の重要な役割である。個々の考えを聞き，教師が板書をしていくスタイルは一般的であるが，その方法では1時間の授業の中で何人の子が発言し，発言できない子が何人いるのだろうか。道徳の時間では特に「話し合う活動」によって，個々の道徳的価値の自覚が促されていくため，教師は一人一人が友達と話し合える環境を整える必要がある。そうした視点から，子どもたちが互いの思考をつなぐための「子どもたちの黒板」を用意したい。具体的には巨大付箋紙である。

巨大付箋紙の活用方法

　授業の内容によってその使い方は様々だが，基本的には班に1つ用意し，テーマについて自由に書きこませていく。全体で共有するため，間違えてもいいのでサインペンで書かせる方がよい。付箋紙ではなく，「模造紙」でも十分代用できるが，あえて付箋紙とする理由はその「貼りやすさ」である。模造紙の場合はガムテープなどを用意する必要があるが，付箋紙では，その必要がなく，子どもたちが書き上げたらすぐに黒板に貼ることができ，

子どもたちの巨大付箋紙がそのまま全体で共有するための黒板へと変化して

いくのである。また，授業後にはそれぞれ班の付箋紙を教室のいたるところに貼り，互いに見合うことによって，自分の考えを深めることができる。

実際の授業について

本授業は自作教材を用いた授業である。あるプロの棋士の生き方を題材としている。内容項目は「よりよく生きる喜び」であり，子どもたちに棋士の生き方を通して，「自分にとっての生きる喜びとは何か」を考えさせる授業である。授業のテーマは「その人物の生き方についてどう思うか」とし，罫線入りの付箋紙に考えたことを書かせた。そして，班の形になり，その付箋紙を巨大付箋紙に貼り，自分たちで付箋紙の整理・分類をさせた。子どもたちは，様々な視点から付箋紙を貼り直し，分類する中でそれぞれの考え方に気づくことができた。班の話し合いの後は，2つの班の巨大付箋紙を黒板に貼り，さらに話し合いを進めていった。

はじめのうちは子どもたちもその使い方に手間取るが，慣れてくると，授業のテーマをよく理解したうえで，自分たちで付箋紙を媒介して話し合いを進めることができる。継続して使用することが大切である。

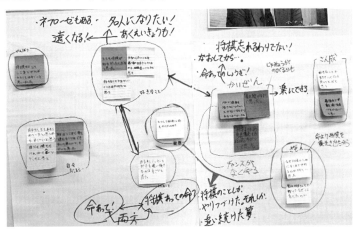

（遠藤　信幸）

ノート&ワークシートのネタ&アイデア

56 道徳ノートで家庭と学校をつなぐ

　道徳の時間が「特別の教科　道徳」となることで世間の関心も高い。特に保護者にとっては，「教科」となったことによって，自分の子がどのような授業を受けているのか気になるところである。1時間1時間の授業がより家庭にとって開かれたものとなっていくことが求められていく。その際，保護者に子どもたちの学びがわかるようにノートを活用していきたい。

子どもたちの学びを家庭とつなげるノート

　子どもたちの学習の積み重ねはノートを開けば確認することができる。そこで，子どもたちの学びの蓄積であるノートを持ち帰らせ，1時間ごとに保護者からのコメントをもらい，子どもたちの学びをほめる活動を行う。どのようなコメントを書いてもらうかは，その授業の内容によって変えることが重要である。いくつかの事例を紹介したい。

実際の授業では

❶教材名「また，勝てばいい―羽生善治」（文渓堂6年）

　羽生善治さんが自身の努力についての考えを伝えている教材である。導入では，子どもたち一人一人に今頑張っていることを想起させ，授業の中心では羽生善治さんの「完璧は求めない。人間だから失敗もある。また勝てばいい」というその努力への向き合い方につ

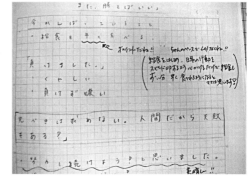

いて自分はどう考えるのかを問うた。自分の生活の振り返りとしては「将来に向けてどのように努力していくか」を考えさせた。それぞれが自分の考えをノートに書き，家庭に持ち帰り，コメントをもらった。家庭ごとにコメントの分量に違いはあるが，どの家庭もそれぞれの子どもたちの努力をしている姿や努力を続けていこうという思いに共感し，励ますコメントが多く見られた。中には，１つずつの子どもの考えにコメントを寄せている保護者もおり，子どもたちの励みにつながることが予想される。

❷教材名「海の勇者」（文渓堂６年）

クルト＝カールセン船長が最後まで自身が船長を務める船に残り，沈むその瞬間まで船長としての役割を果たす物語である。２時間扱いの授業を設計し，「クルト＝カールセン船長の乗客を避難させた後も最後まで船に残る行為は正しいのか」というテーマを掲げた。１時間目は子どもたちに考えをノートに書かせ，宿題として保護者の考えを聞く時間を設定した。後日，２時間目として，テーマから話し合い活動を始めたが，子どもたちは自分の意見の他に保護者の意見も同時に発表し，「大人ならどう考えるのか」を聞くことによって，自分の考えに広がりをもたせていた。中には，子どものノートに考えを多く書いてくれる保護者もおり，授業が活発になった。

家庭でも道徳の時間を

ノートを持ち帰ることによって，保護者にも道徳の時間に参加してもらうことができるため，家庭でも道徳の時間について話すことが多くなることが予想される。道徳教育の根源は家庭教育である。ノートを通じて家庭の教育力がさらに上がることを期待したい。

（遠藤　信幸）

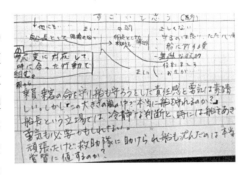

ノート&ワークシート のネタ&アイデア

57 道徳的問題の解決シートを活用する

解決策が関係者に与える影響を思考する時に活用を ----------

　道徳科の問題解決的な学習において，選択されるべき解決策とはどのようなものであろうか？　子どもたちが導き出した解決策ならば全てが認められるのであろうか？　そうではないはずである。ここでは，「道徳的問題解決シート」を使用し，解決策を吟味する際に役立つアイデアを紹介する。このシートの最大の特徴は，「解決策が関係者に与える影響を多角的・多面的に思考しやすくする点」にある。

　私は，子どもたちと「よい生き方の基準」として，「人に説明できる理由があること」と「みんなにもたらす意味があること」の2点を共有している。このシートを使うことで，子どもに「みんなと」よりよく生き続けようとする態度を身につけていってほしいと願っている。

実践事例「うばわれた自由」(『私たちの道徳　五・六年』) ----

　「A-(1)善悪の判断，自律，自由と責任」を探究した実践である。

　「ジェラール王子はどのように生きるべきだったか」という人物の生き方に対する道徳的問題を設定した後，以下の流れでシートを使用した(次頁参照)。なお，①から③までを個人で，④は4人グループにて活動を行った。

① 「この問題に関係すると思う人は誰でしょう？　横の列に書きましょう」

② 「問題の解決策を考えて，縦の列に書きましょう」

③ 「それぞれの解決策の影響を考えていきます。よい影響があると思う場合には〇を，悪い影響があると思う場合には×を書きます。そして，その理由も書きましょう」

108 ◆

④「グループで話し合って，最もよい解決策を１つ考えてください。選ぶ基準は，『人に説明できる理由があること』と『みんなにもたらす意味があること』です」

その後，各グループの考えの発表を経て，個々の納得解や学んだことをまとめた。

グループでの話し合いの意見例

- ●周りのことを考えて自分勝手な行動をしない。
- ●ルールを知って，そのうえで守る。

解決策 \ 関係者	王様	家来	お世話をする人
【解決策１】すんなりと「すみません」という	○苦労しないからすみませんとあやまればゆるしてくれるし平和になると思う	○わがままにならないからしっかりとした王につかえることができるから	○かってにならないから →
【解決策２】人の言うことをきく	○王様のいうこともきいてくれると思う	○王子に言われるのがなくなるから	○自分から，あーだこーだ言わなくてもいいから
【解決策３】きまりを守る	○おしろのきまりもまもあると思うから	△自分のたのしい(かり)ができないかもだから	

【問題】ジェラール王子はどのように生きるべきだったか？

学んだこと　自分のための自由だけじゃなく，みんなの自由を大切にする きまりがあることで，自由ができるんだと思った。

（曽根原　和明）

ノート&ワークシートのネタ&アイデア

58 体験的な学習から価値の理解を深めるシートを活用する

体験から価値を一般化する時に活用を

　体験的な学習のメリットといえば「価値を実感的に理解できること」であろう。だが，体験後に価値の理解を深める場が必要になることには留意すべきである。ある特定の場面を切り出して体験的な学習を行うが，その体験から価値を一般化することで，汎用性のある価値理解に深めることができる。
　ここでは，役割演技後に価値を一般化した実践を紹介する。

実践事例「銀のしょく台」（文溪堂6年）

　「B-(11)相互理解，寛容」を探究した実践である。以下，授業の流れ。
①登場人物とあらすじ（ジャン＝バルジャンが警官に連れてこられるまで）を紹介する。
②T「みんなが司教ならどうしますか？」
　C「大切な物が盗まれて悲しいから，警官に捕まえてもらう」
③T「『広い心』ってどんな心でしょうか？」（ワークシートに記入）
　C「優しい心」，「許せる心」
④教材を読む。
⑤T「司教は真実を伝えなかった時どんなことを考えていたと思いますか？」（ワークシートに記入）
　C「良い人になってほしい」，「貧しい人を助けたい」
⑥体験的な学習『役割演技』
　・司教とジャン＝バルジャンの異なる境遇を再確認する。
　・司教が警官に真実を伝えることを想定した場面を役割演技。

110 ◆

・真実を伝えない場面を役割演技。
・フロアに「演者の言動や気持ちはどんな様子だったか？」，演者に「気づいたこと」を問い，黒板にまとめる。
⑦T「『広い心』ってどんな心でしょうか？」（ワークシートに記入）
　C「相手に何か理由があるかもしれないと考えられる心」
　　「自分も相手も大切にできる心」

　本実践において，体験から価値の一般化をねらった場は，⑥，⑦の下線部の活動である。
　十分な時間をかけて，演技から自分たちが実感したものを共有し合った。その結果，「広い心には，相手の立場を大切にすることが欠かせない」という一層深い理解にたどりつくことができた。
　体験は，道徳性を養うための手段にすぎない。しかし，自らが体感したものの中には，体験なしには体得できない価値あるものが含まれている。それを生かすことが体験的な学習の成功へとつながるのである。

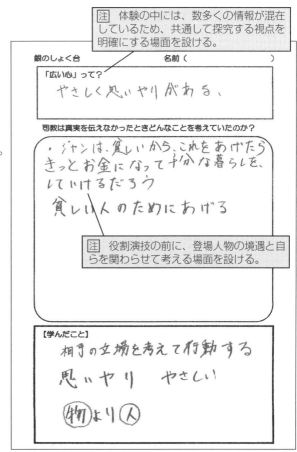

（曽根原　和明）

ノート&ワークシートのネタ&アイデア

59 生き方を考え続けるシートを活用する

１年間の学びを統合する時に活用を

　小学校学習指導要領「第３章　特別の教科　道徳」の「第３　指導計画の作成と内容の取扱い」には，「児童が主体的に道徳性を養うための指導」が示されている。

　子どもが主体性を発揮するためには，教師からの課題を待つのではなく，「望ましい自分の在り方を求めてどのように生きるべきか」を考え続けていく必要がある。すなわち，「なりたい自分」に向かって，道徳科の35時間における学びと日常における学びを統合していく機会を設定することが必要になるのである。

子どもの記述から

　以上の事柄を具現化したものが，次ページのシートである。シートに示されている内容と使用例は下の表の通りである。思考しやすいように，教科書やノート，ワークシートを見ながら活用することをおすすめする。

	シートの左側	シートの右側
内容	・当該学年で学習する内容項目の一覧	・道徳の学習を通して「なりたい自分」 ・「学期の学び」「目標と比べて」
使用例	・年度始めに教科書等を活用しながら学習する内容の見通しをもつ。 ・授業の導入で「今日学習する価値」の確認をする。	・年度始めに「なりたい自分」を捉える。 ・学期末に「その学期の学び」と「なりたい自分と比べた振り返り」を行い目標や課題をもつ。

シートの右側の記述から次の3点がいえる。
①1学期に学んだ価値項目を振り返る機会になった。
②「だれにでも親切で思いやりをもてる人」を目指し，「下級生などと仲良くする」という日々の行動を心がけることができた。
③「良い事，悪い事が判断できる人」を目指して，「注意ができる勇気をもてるようにしたい」という今後の課題・目標をもつことができている。

　このような道徳科の学びと日常の学びを統合する機会を設けることにより，子どもたちは道徳的価値を実現することの意義を実感する。それが自分の生き方を考え続ける態度の育成につながるのではないか。

（曽根原　和明）

第2章　「考え，議論する」道徳のネタ＆アイデア100　◆　113

ノート＆ワークシートのネタ＆アイデア

自らの成長を実感するシートを活用する

主体性を引き出すひと工夫

アイデア59に引き続き，子どもが主体的に道徳性を養うための指導の一例を紹介する。このシートは，自分の成長を明らかにすることで，主体的に道徳性を養おうとする意欲を高めることをねらったものである。

子どもは，学習の課題に挑み続けた成果である「成長」をどのように捉えるのであろうか？「実践事例」における子どもたちの声に注目していただきたい。

実践事例「よりよく協力するために必要なことって何？」

次ページのシートは「よりよく協力するために必要なことって何だろう？」をテーマに下図の通り小単元を組んだ際に使用したものである。

テーマを設定した後，自らの生活を振り返り，テーマに対する「学習前の考え」を書く。そして3時間の学習を経て，その間の学びを振り返り「学習後の考え」を書く。「学習前の考え」と「学習後の考え」を比較することにより，「自分の成長」を確かめることができる。

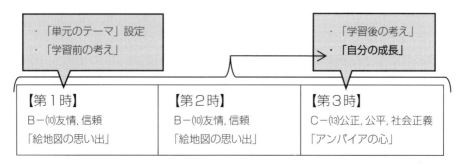

114

「自分が成長したなぁと思うところは？」に記述されたものを数名分紹介する。

・いろいろな人と関わりたいという気持ち（意識）が高くなったと思います。
・目標に向かってすぐ行動にうつせるようになった。
・今回のことでぼくは人と関わる力がつきました。協力というテーマで様々な人と関われてよかったです。

　これらの記述からは，行動面の成長まで実感している子どもがいることがわかる。つまり，授業内と授業外での学びを関連づけることができているのである。成長が実感できた子どもたちはきっと「自分がどのように生きるべきかを考え続けてよかった。今後も頑張りたい」という勇気を抱くことができるであろう。

（曽根原　和明）

第2章　「考え，議論する」道徳のネタ＆アイデア100　◆　115

終末のネタ&アイデア

 61 導入の問いを終末でもう一度行う

導入の問いを

　導入では，生活場面における問題意識をもとに，授業で扱う道徳的価値に関わる問いかけを行い，本時の方向づけを図ることがある。ここでは，導入の問いを再び終末で問うことにより，道徳的価値を自分との関わりで捉え，深い学びにつなげていく一例を見ていこう。

自分との関わりで道徳的価値を探究する

　どの内容項目でも実践が可能で，その問いかけも様々に考えられる。
　例えば，「規則尊重」を扱う授業で，きまりやマナーが守られていない身近な公共施設の写真や，マナーに関わる啓発ポスター等の資料を提示する。その後，資料を見ながら「どうしてきまりを守らなければならないの？」と問うと，「きまりを守らないと怒られるから」，「きまりだから」と一面的な発言が導入では出てきやすい。そして教材をもとに，ねらいに即した授業を展開し，再び導入での問いを用い，「どうしてきまりを守らないといけないのかな」と終末で問う。それに対し児童は，学びを活かしながら導入の問いを再考し自分の考えを語り，なぜそう思ったのか，自分の経験を語りだす。「そもそもきまりを守るとはどういうことなのか」と絶対解があるわけではない価値について学びを通した探究となる。
　導入の問いを終末でもう一度，シンプルだけれど奥深い。まさに道徳的価値と向き合い，自己を見つめ，自分なりの解を探し出すという深い学びにつながるだろう。そのうえで，児童の成長を促していこう。

（萩野　奈幹）

終末 のネタ＆アイデア

62 話し合った学びを生活へ広げる

開かれた授業の終末 --------------------------------

　授業の終末は，教師の説話で余韻を残して終わることが多い。授業で溢れた思いや学びが薄れてしまう前に，それを生活へと促すことができないかと考える。そこで，開かれた形で終末を終え，道徳的価値に関わる児童の学びを実生活につなげ，意欲を高めていく方法を紹介しよう。

休み時間をうまく使って --------------------------------

　授業の終末で，ねらいに即した授業での児童の気づきや思いを大切にしながら声かけをし，授業直後の休み時間をうまく使って学びを生活へつないでいくのである。

　例えば，自然愛護を扱う授業で，教材に関わるねらいに即した話し合いから，具体的な動植物に関わる実生活での話し合いへと広げていく。そこでは，「みんなの考えがよくわかったよ。みんなはどんな思いでアサガオに水やりをしているの？」，「お世話してもらっているミニトマトは，どう思っているのかな？」などと問いながら，動植物に対して「お世話したい！」，「大切にしたい！」という思いや意欲を導きだす。

　教師は，授業直後，子どもたちの主体性に期待しつつ，「お世話しているアサガオが待っているよ」などと声をかけ学びを生活に促すのである。その際，活動が目的化することのないよう児童の高まった意欲を促すような声かけを大切にしたい。

(萩野　奈幹)

第2章　「考え，議論する」道徳のネタ＆アイデア100　◆　117

終末のネタ&アイデア

63 教科書から仲間のお話を見つける

教科書は道徳的な学びのバイブル

児童に毎年配布される道徳の教科書。各社とも工夫を重ねて新しい教材を開発したりコラムを掲載したりしている。多くの道徳的な学びがちりばめられた１冊となっている。それを活用し尽くしてみよう。

道徳の授業を，授業中の１時間だけで終わらせない

授業において教材を用いた話し合いが終わり，感想も書き終わった。その後に，「今日，みんなで〇〇について話し合ったね。〇〇に関係するお話を教科書の中から探してみよう」と投げかけるのである。そして，子どもが見つけたものを全員で共有する。

児童の中には道徳の授業を，一つ一つが単独であると捉えている子が多い。このことが原因で人間としての生き方についての考えを深められない，いじめ問題など実効性に乏しいという状況につながっていたと言える。本時の教材や学びに関連する教材を探すことは，本時と過去の学習，また，これから学習することをつなげ，意識の連続性を生み出すのである。

本実践に継続的に取り組むことで，児童の中で各授業が内容項目や関連項目でつながっていき，多面的・多角的な思考力が育っていくのである。

また，子どもが見つけた教材を次時で取り上げれば，他教科のように単元を組み，主体的な探究活動へ発展させることも可能となる。

（谷口　雄一）

終末 のネタ&アイデア

64 『私たちの道徳』の「コラム」を読む

『私たちの道徳』は道徳的な学びの宝庫

　教科書が配布されるのを機に書籍として配られなくなった『私たちの道徳』。書き込み欄が多く，コラムや偉人の格言なども豊富で児童にも先生方にも人気が高い。使わないのはもったいない1冊である。

学びを深める，学びをつなげる，学びを生み出す

①学びを深める

　本時で学習した内容項目に関するコラムを読ませる。授業で使用した教材とは違う側面から書かれたコラムを読むことは，知識を豊富なものにすると同時に，道徳的価値の多面的な理解を促進させる。

②学びをつなげる

　本時で学習した内容項目ではなく，公正・公平の学習なら勇気や思いやりというように関連項目のコラムを読ませるのである。現実社会の中ではある事象は単独の内容項目だけが関わるということはあまりなく，複数の関連項目によって成り立っている。そのため，関連項目についての理解は多角的な思考を促す。それは実践意欲の涵養へとつながっていくのである。

③学びを生み出す

　例えば，思いやりと公正・公平のように本時に学んだ内容項目と，ある種対立する関係にある内容項目に関するコラムを取り上げる。児童に認知的不協和を生じさせることでその探究心を喚起するのである。　　　　（谷口　雄一）

終末 のネタ&アイデア

65 「コラム」を書く

発信者になる楽しさを道徳科の学びに ----------------------------

　「授業での学びを児童の日常にどうつなげるか」これは多くの先生の悩みである。いつもは読むばかりのコラムを今回は自分が書くのだと知ったら，子どもはどんな反応をするだろうか。

コラムの題材を探すことで自身の経験と向き合わせる ---------

　本実践はどの内容項目でも可能である。しかし，コラムを考え書くという内容を考慮すると，高学年の方がよいだろう。

　具体的な内容としては，まず，児童に本時で学習した内容項目に関するコラムを書くことを伝える。そして，コラムにする自身の経験を想起させるのである。ペアやグループに分かれて話し合うこともよいだろう。それは，道徳的価値に関する多面的な理解を促進するからである。

　授業の終末という限られた時間なので，書くことを目標にはしないようにしていただきたい。道徳の学習として大切なことは，自分の経験や本時の学びに関する自身の考えとじっくりと向き合うことだからである。そのため，書く活動は宿題にする。このことで，児童がじっくりと経験を想起し，家族や友人と話し合う機会へとつなげていきたいものである。児童同士の相互作用を促進するために国語科の学習としてペアで書かせることもよいだろう。

　完成したコラムは，クラス内で読み合う，学級通信に掲載するなどして共有したい。教室前の廊下に並べ，他の学級の児童に自由に読んでもらうのもいいだろう。学校便りに掲載すれば，学びを他のクラスに広げることにつながるし，子どもたちにとって大きな励みになる。

（谷口　雄一）

120

終末 のネタ&アイデア

66 「いいね！ノート」で 多面的・多角的な思考を促す

学びをシェアすることで多様な価値観にふれる

授業の終末に学んだことや感想を書くことは多く実践されている。しかし，それで終わってはもったいない。互いに考えを共有し多様な価値観にふれることで，児童が価値観を再構築していく「いいね！ノート」を紹介する。

学びの足跡としての「いいね！ノート」

この実践はどの学年段階でも可能で，どの内容項目でも取り組むことができるものである。

まず，本時で学んだことや感想を書いたものを互いに見せ合う。見せ合う範囲はペアでもグループの中でもよい。また，時間を区切って教室中を自由に歩き回って見せ合うことも考えられる。その中で，「それいいね」「素敵な言葉だね」と思ったものを自分の「いいね！ノート」へ書き溜めていくのである。

また，高学年では，「いいね！」と思った言葉とその理由を付箋に書いて，相手のノートに貼っていく活動もおもしろい。同僚性をもとに，自己肯定感の促進につながるであろう。

この実践はできることなら学校全体で取り組み，入学から卒業するまでの道徳科での学びの足跡にしたい。ノートいっぱいに自分が書き留めた言葉の一つ一つは子どもにとって小学校6年間の宝物になる。

小中連携として中学校区で相談して統一したノートを使うのもいいだろう。それは，義務教育9年間の継続した児童生徒の道徳性発達への理解と評価につながるからである。

（谷口　雄一）

第2章 「考え，議論する」道徳のネタ&アイデア100 ◆ 121

終末 のネタ&アイデア

67 「いいね！ノート」報告会を行う

級友・保護者・地域の方々から多面的に学ぶ

「いいね！ノート」報告会は，級友・保護者・地域の方と交流しながら，道徳的価値について考え，よりよい生き方について広い視野から学ぶ取り組みである。

多様な人の「いいね！」に触れよう

道徳授業の終末で，児童が小グループに分かれ，互いの学習履歴をもとに「相手のことを考え見守る親切があることに気づけたよ」というような「いいね！」と感じた学びの内容や感想，級友の考えを交流し合う。

時間が足りない場合は，朝・帰りの会などで「いいね！ノート」ミニ報告会を行うのもいいだろう。学期末には，「いいね！」と印象に残った教材を交流し合う報告会を行うことも考えられる。

参観日やオープンスクールでは，授業に保護者や地域の方々に参加してもらい，子どもたちの学びを大人の視点から「いいね！」と言ってもらったり，「いいね！」と思える人生のエピソードを話してもらったりする。児童は，他者と関わりながら，自己の価値観を育み，保護者や身近な地域の方の生き方を知り，自己の生き方について考えるきっかけになるだろう。こうした取り組みは，他者の考えを認め，励まし合えるあたたかな風土を生み出す学級づくりとしても活かされると考えている。

（萩野　奈幹）

終末のネタ＆アイデア

68 教室に「学びの足跡」を残す

「学びの足跡」を短い言葉で表す

　道徳授業の終末では，学びを振り返り，ワークシートに感想などを記述することが多い。しかし終末で，それをもとに語り合うとなれば時間的に難しい。終末で本時の学びをいくつかの「学びの足跡」となる短い言葉で表す活動を行い，自己の価値観を育み意欲を高めていく一例を紹介しよう。

学びを見える化する

　終末で，板書やワークシート等の記述，級友の発言を想起させ，「授業を振り返って大切にしたい心は何ですか」，「登場人物から学んだことは何ですか」等，発達段階にあった問いかけを行い，学んだことをストレートに表現させる。学級で

「学びの足跡」を共有する際，級友から創出された多様な価値に触れることができる。学年によっては，足跡となる短い言葉と併せて自分の思いや理由を付け加えて発表させることもできる。

　教室では，教材の挿絵と一緒に「学びの足跡」を掲示したり，画用紙で短冊を作り児童一人一人の「学びの足跡」となる短い言葉を掲示したりすることもできる。さらに，それらを繋ぎ合わせ学級の詩をつくってもいいだろう。学びを見える化する環境づくりによって，実践に向かう意識や意欲の高まりが期待できる。単に，教室に掲示することが目的にならないよう，多様な価値観に触れながら級友と納得解をつくりあげていくプロセスを大切にしてほしい。

（萩野　奈幹）

終末のネタ&アイデア

「道徳標語コンテスト」で学びを日常の中へつなげる

学びを発信することで道徳的な行為の主体者に

　授業で学んだことや感想を書くことはよく実践されているが，それだけで終わってはもったいない。学級を飛び出し他の学級や学年へと発信することで実践意欲を涵養し，主体者としての意識を高める実践はいかがだろうか。

互いの学級での学びを全校で共有する

　この実践はどの学年段階でも可能で，全ての内容項目で取り組むことができる。また，多くの児童が道徳標語作りに意欲的に取り組むだろう。それは，子どもは誰もが「自分の考えを知ってほしい」という承認欲求を抱いているからである。そして，「自分たちの学校をよりよい場にしたい」という所属感に基づく向上欲求をもっているからである。

　具体的な取り組みとしては，まず，本時で学んだことや感想をプリントやノートに書く。その中でみんなに伝えたい言葉を標語にして廊下に掲示する。次に，投票箱を設置し，いいなと思う標語に投票してもらう。上位の作品は玄関ホールや校長室前の廊下といった校内の目立つところに掲示する。学校便りに掲載するという方法もある。

　日常的に自分が書いた標語を目にすることは，その主体者として実践していきたいとの思いを喚起する。つまり，道徳授業を通して児童が学んだことが日常生活での実践へとつながっていくのである。また，全校に向けて発信することは，よいことをしようとする道徳的雰囲気を全校へ波及する効果も期待できる。加えて，多くの大人にとっても，児童がつくった道徳標語を目にすることで，児童理解が深まっていくという効果がある。　　（谷口　雄一）

終末 のネタ&アイデア

70 「道徳カルタ」で 楽しみながら道徳を学ぶ

道徳って何だか堅苦しい？ ----------------------------

　このように思っている先生は多いのではないだろうか。そして，子どもの多くも同じように感じている。誰もが一度は経験のあるカルタを作ることで道徳的価値についての理解を促進し，実践意欲を涵養する実践はいかがだろうか。

道徳の学びを，遊びを通して共有する -------------------------

　この実践も「道徳標語コンテスト」と同じく，どの学年段階，どの内容項目でも取り組むことが可能である。具体的な取り組みとしては「道徳標語コンテスト」とあまり変わりはない。まず，本時で学んだことや感想をプリントやノートに書く。次に，伝えたい言葉を5・7・5で表すのである。

　終末ではここまでで止めておく。読み札や絵札を作るのは図工科や家庭学習など改めて時間を設けよう。

　何を伝えるのかを考える中で，また，5・7・5の17文字を吟味する過程で，子どもは自分が学んだ道徳的価値の理解を深めるとともに，自身のもつ価値観をより明確なものにしていくであろう。

　ちなみに，カルタを作るだけではもったいない。互いが作ったものを集めてカルタ遊びをしてみよう。学級内で遊ぶもよし，同学年でもよいだろう。異学年交流でも活用は可能である。何なら全校でカルタ大会というのもおもしろい。子どもたちだけでなく，大人も一緒に遊んでみよう。校長先生など他の先生を招いてもいいし，授業参観の際に親子でやってみることも考えられる。そして，幼保小連携や小中連携にも活用可能である。　　（谷口　雄一）

第2章　「考え，議論する」道徳のネタ&アイデア100　◆　125

終末のネタ＆アイデア

71 魅力ある教師の説話①
自分を語る

教師が自らを語る

　終末の説話は、授業で扱った価値に関わる教師の実体験や願いを語ったり、生活場面での問題やメディアなどで取り上げられた問題をもとに話したりすることが多い。また、詩や写真を活かして語ることもある。それは、道徳的価値をより身近に考えさせたり、これからの生き方について強い思いを抱かせたりすることに効果的である。特に、教師の体験談を話す際は、成功・感動体験のみならず、失敗や後悔など、よりよく生きようとする人間味ある生き方が語られるほど子どもたちの心に響く。そこでは、児童とともに教師も自己を見つめ、よりよい生き方について考える時間と空間が生じるだろう。

語り始めの一例

T：今日は、努力することの大切さについて話し合うことができましたね。みんなの心の声を聞いて先生の失敗談を思い出しました。
C：えっ、先生が失敗することってあるの？（教師の言葉に聞き入る）
T：恥ずかしいです。失敗してよかったなと思う話を聞いてくれますか。
C：いいよ。先生、聞くよ。
T：〇年生の時、逆上がりができませんでした。体育の後は残って練習ばかりでした（できない悔しさ、上手になりたい思い、失敗しても練習に向かう思い、できた時の思いを語った）。

　教師が１人の人間として自分を語り、児童が「誰だって失敗するんだ」「努力しよう、頑張ろう」「辛いことも乗り越えよう」と感じられる魅力ある説話が、児童のよりよく生きようとする原動力になるだろう。　（萩野　奈幹）

終末 のネタ＆アイデア

72 魅力ある教師の説話②
教師の宝物を用いる

教師の宝物を用いた説話 ------------------------------

　説話がきれいごとの話で終わってしまったという経験はないだろうか。子どもの心に響き，道徳的価値について深く考えられるような説話のひと工夫が必要である。そこで，説話の際に教師の宝物である実物を提示しながら，関連するエピソードやそれに込められた思いを語るという一例を紹介しよう。

身近にある小さな宝物 ------------------------------

　「勤労，公共の精神」を扱った授業の終末で，教師の宝物（穴の空いたぼろ雑巾と軍手）を児童に提示した。児童にとって，宝物といえば特別なイメージがある。「これは卒業生からゆずってもらった先生の宝物です」とぼろぼろになった雑巾と軍手を見せた瞬間ざわめきが起こった。その後，「学校の掃除や奉仕活動のたびに使ったため，ぼろぼろになってしまったのです」と話し，奉仕活動に取り組んでいた児童の様子や宝物に込められた思いを話した。他にも，児童の作文や日記，写真，新聞記事などを用いてもいいだろう。説話で使用する宝物は，身近なところに隠れている。日々の中で教師が，小さな宝物を意識することにより説話で用いるアイテムが増え，授業づくりの楽しさを感じることができるだろう。また，児童に「一緒に小さな宝物を見つけたいね」などと授業後に言葉がけを行うことで，生活と学びがつながっていく。児童から「先生，これクラスの宝物にしたいね」と聞こえてくるような道徳授業，そして学級をつくっていこう。

（萩野　奈幹）

第2章　「考え，議論する」道徳のネタ＆アイデア100　◆　127

終末 のネタ＆アイデア

73 手紙に思いを込める

手紙に思いを

　人は，手紙をもらい読むことによって，感情が溢れ満たされる時がある。また，手紙を書くことによって，自分を見つめるきっかけにもなるだろう。終末で手紙の活用を工夫することにより，ねらいに即した道徳的価値について自分との関わりで理解を深め，感動や実践意欲の涵養が期待できる。

手紙を介し双方向の活動へ

　例えば，「家族愛」「生命の尊さ」を扱った授業で手紙を用いる。子どもたちは，教材をもとに話し合う中で，自分を見つめ命の大切さや親の愛情に気づいていく。終末には，オルゴール等のBGMを流し落ち着いた雰囲気をつくる。

　教師は，児童に「ここに家族からの手紙があります」と手渡す。児童は，手紙を読みながら自分の命の重みを実感し，成長を支えてくれた親の温かさから家族への感謝の気持ちが溢れてこよう。手紙を読むだけでなく，関連教科等の時間を活かし自分の思いを手紙に書かせ，学年末の学習発表会や参観日で保護者に手紙を送るという双方向の活動へと発展させてもいいだろう。

　また，「友情，信頼」「相互理解，寛容」の授業で，級友への思いを手紙にして読み合う活動や，「よりよい学校生活，集団生活の充実」の授業では，先生・用務員さん・卒業生から自分たちへ，自分たちから学校を支えている方々へ手紙を送る活動など工夫や方法は多くある。

　なお，手紙を扱う際は，事前に書いていただく方へ目的や内容の説明を行い，児童への配慮も視野に入れて取り組むことが大切である。　（萩野　奈幹）

終末 のネタ&アイデア

74 家庭・子ども・教師で対話する

家庭と連携し，考える道徳を ------------------------------

　子どもたちは，級友の多様な考え方や思いに触れながら自己の生き方について学んでいる。しかし家庭の中で道徳に関わって改めて話し合う機会はそう多くない。そこで終末に親子道徳への活動を促し，家庭で保護者と子どもが，多様な価値観に触れながら対話を行う親子道徳の取り組みを紹介したい。

親子道徳の流れ ------------------------------

　親子道徳の流れは，まず授業の終末，本時の学びや振り返りを道徳ノート等に記述させる。そして教師は，「今日の学習で学んだ，どうしてきまりを守ることが大切なのかについて自分の考えを，お家の人とお話ししてこよう」と伝え，親子で話し合う視点を確認し授業を終える。

　児童は，家庭で保護者と一緒に教材を読み，振り返りの記述内容を保護者に伝え，親子で話し合う視点をもとに感想を交わす。そして道徳ノート等に，保護者の感想や励ましの言葉，または，児童の新たな気づきを再び記述する。

　教師は，家庭で話し合った内容や感想の一部を朝の会や道徳通信等でフィードバックしながら多様な価値観にふれる機会を設ける。そのためには各家庭の実態を把握し，保護者に目的や進め方を事前に伝え，年間指導計画に即して教材を選定し学期に１回程度の無理のない取り組みが継続性を生む。こうした積み重ねにより，家庭・子ども・教師が対話しながら学ぶことができ，豊かな生き方に気づかされることや，評価に関わる保護者理解につながると考えられる。保護者もともに学ぶ授業を実施し，協同を促すことが道徳科の本質に少なからず迫る道筋を拓くのではないかと考えている。　（萩野　奈幹）

第2章　「考え，議論する」道徳のネタ&アイデア100　◆　129

終末 のネタ＆アイデア

75　子どもに身近な人物をゲストティーチャーにする

生の人間の生き様から生き方を学ぶ

　教材に描かれている人物も魅力的である。しかし，子どもにとってリアルな人物の生きた言葉を聞くことは，児童の道徳的価値の理解を一層促進し，実践意欲を涵養してきた。その効果は道徳科においても色あせることはない。

子どもの身近な方をゲストティーチャーに招くことのメリット

　この実践はどの学年段階，どの内容項目でも可能であるが，効果的な指導にするために以下の点に留意したい。

①「この人が？」というギャップ

　ゲストティーチャーを呼ぼうとする際，誰を呼ぶかで悩むことが多い。確かに，近所にイチローはいない。だが，有名人でなくともその道を極めた方なら大勢いる。いや，多くの大人はその道を極めた，また，今も極めようとしているはずである。あなたもその１人である。

　身近な方が教室に現れたら，なぜこの人？と多くの子どもは思うだろう。しかし，近しい方から聞く経験に裏付けされた言葉の一つ一つは，児童の心に大きな感動と学びをもたらすはずである。

②指導内容についての共通理解の容易さ

　せっかくの話が脱線してしまったという経験がある先生は多い。それは，連絡不足による共通理解の欠如が原因である。しかし，身近な方なら互いに連絡を取り合うことが容易であり，失敗を防ぎやすい。　　　　（谷口　雄一）

終末 のネタ&アイデア

76 ○○さんにインタビューする

ゲストティーチャーを呼んでお話を聞くのは難しい？

　ゲストティーチャーを招聘してお話を聞くことは子どもにとって大変意義深い。しかし，その話が予定から逸れてしまうこともあり，悩む方は多い。ここは発想を180°転換しよう。話を聞こうとするから逸れるのである。

子どもの探究心をもとにインタビュー形式で進める

　ゲストティーチャーを受けてくださる方は，概して子どもが大好きで，子どもたちのためには何だってしたいという心をおもちである。だからこそ，「子どものためにあれを言おう。これも言わないと」と考え，結果的に話が逸れてしまうのである。

　そこで，ゲストティーチャーの方には「話す」のではなく，児童の質問に「答える」形で経験を話してもらうのである。

　この実践は，子どもとゲストティーチャー双方にメリットがある。子どもにとっては授業を通して生じた探究心を解決する機会になることがそのよさとして挙げられる。また，ゲストティーチャーにとっては，児童に質問され，それに答えることが大きな喜びになる。なぜなら，たくさんの子どもが質問に答えてもらいたくて手を挙げているのであるのだから。また，質問し，答えるというプロセスを経て，子どもとゲストティーチャー双方の心の距離が近づいていく，大変効果の高い実践である。

（谷口　雄一）

教具 のネタ＆アイデア

77 風呂敷を使って先人の知恵を実感する

風呂敷を使って意義を実感

　小学生の子どもたちは，具体的にものを操作する活動を行うことで，その意義を強く実感することができる。そこで，風呂敷を実際に使うことで，主体的に学ぶ意欲を高めたり，学びを深めたりする方法を紹介したい。

風呂敷で先人の知恵を感じる

　主に「C-(17)伝統と文化の尊重，国や郷土を愛する態度」の内容項目を扱う授業では，昔から日本人が使ってきた道具や文化について考えることがある。

　風呂敷を扱う読み物教材を使って授業を行う時は，座学で終わらせず，実際に風呂敷でものを包ませてみるとよいだろう。ただ1枚の布だと思っていた風呂敷で，様々なものを包めるということに気づいた時，子どもたちは先人の知恵を実感し，きらきらした目でもっとほかのものを包んでみたいと言うであろう。その中で，国を愛する気持ちや日本の文化を大切にしようとする気持ちが高まることが期待できる。

　包むものは身近な教科書，筆箱，水筒などが用意しやすい。体育館からグループに1つくらいのボールを用意できれば，より盛り上がることだろう。できるだけ多くの子どもが体験できるように，授業前には子どもたちに各家庭で風呂敷を用意させたい。しかし最近は家庭に風呂敷がない場合もあるので，あらかじめ確認し，予備を準備しておくことも必要である。

（中野　真悟）

教具 のネタ&アイデア

78 聴診器を使って命の大切さを実感する

聴診器を使って生きている証に出会う

近年，自然や命とのふれあいが希薄になったり，敵を殺すゲームに慣れたりしている子どもたちは，命の大切さが理解しにくくなっている。聴診器を使うことで，生きている証を実感する方法を紹介したい。

聴診器で心臓の鼓動を聞く

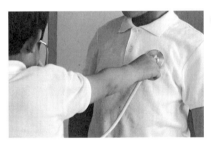

聴診器を扱う読み物教材を使って授業を行う時は，実際に聴診器を使わせてみるとよいだろう。心臓の鼓動はとても小さく，教室が静かにならないと聞こえてこない。静かな雰囲気の中で，小さな小さな心臓の鼓動が聞こえてきた時，子どもたちは命の神秘性を感じ，その尊さが実感できることだろう。

自分の心臓だけでなく，他者の心臓の鼓動も聞かせてみれば，他者にも大切な命があるということが実感できるようになる。命の大切さの実感は，「命をもつ自分」「命をもつ他者」「産んでくれた親」を大切にすることへとつながっていく。ただ遊ぶだけの活動にならないように留意したい。

聴診器は，4人グループに1つくらいの数が用意してあると授業の進行がスムーズである。低学年で聴診器を扱う授業を行う場合は，うまく聴診器を操作できない子どもが出てくることが予想されるので，養護教諭と連携し，活動を補助してもらうことも有効である。

(中野　真悟)

教具 のネタ&アイデア

79 赤ちゃん人形を使って命の重さを実感する

赤ちゃん人形を抱いて重さを感じる

　子どもたちは赤ちゃんの頃からだっこをされて大切に育てられてきた。低学年の子どもたちの中には，まだ親にだっこをしてもらっている子どももいる。赤ちゃん人形を使い，だっこをする側を体験することで，親が抱えている命の重さを実感する方法を紹介したい。

本当に赤ちゃんを抱いているイメージで

　「B-(7)親切，思いやり」や，「D-(19)生命の尊さ」の授業で扱いたい教具である。赤ちゃん人形を持つといっても，ただ持たせるだけでは，重さにしか意識が向かなくなってしまう。そのため子どもたちには，本当の赤ちゃんを抱いているようなイメージでだっこをさせたい。慈しむような表情で人形の顔を見つめる子どもの姿が見られることだろう。赤ちゃんの重さを実感することで，育ててくれた親の愛情を再確認することが期待できる。

　赤ちゃん人形は，重さが3kgくらいあるものを用意したいが，用意できない場合は，3kgの砂を入れた砂袋を使うことも考えられる。砂袋を着ぐるみにして，自分が生まれた時の重さを実感するのである。ただの砂袋ではなく，自分の生命を愛おしむように重さを確認する児童の姿が見られるだろう。3kgというのは小学生の児童にはかなり重いが，一定の時間はもたせることで，命の重さの実感を深めたい。

（中野　真悟）

教具 のネタ&アイデア

80 音楽の力で感動を高める

音楽で心に訴えかける

　音楽は，子どもの心に働きかける大きな力をもっている。音楽を使って，臨場感を高めたり，子どもたちの感動を高めたりする方法を紹介したい。

多種多様な活用場面

　音楽は，授業の導入場面・展開場面・終末場面において，様々な活用ができるので，その一例を示したい。

　導入場面では，本時の授業で取り上げたい人物の作詞作曲した曲を流して授業の動機づけをすることができる。教材提示場面では，BGMや教材に関わる音を流したり，朗読のCDを流したりすることで，臨場感を高めることができる。展開場面では，教材文の中に出てきた楽器を実際に鳴らして見せることができる。終末場面では，教材文を通して心情を考えてきた登場人物の曲を聴かせることができる。子どもたちは美しい旋律の中で，本時の授業への学びを深めたり，学んだ道徳的価値のすばらしさをより強く実感したりするであろう。また，歌詞の内容自体を読み物教材の文章として扱うこともできる。

　ただし，教師がよいと思う曲をただ聴かせたいがために，聴かせること自体が目的になってしまう授業もときどき見られる。きちんと授業のねらいを立て，それを実現するという目的のために音楽を活用したい。また，音源を確保する際には，著作権に十分配慮することが必要である。　　　（中野　真悟）

教具 のネタ＆アイデア

81 場面絵で状況や心情の把握を促す

視覚で理解する

　場面絵や登場人物の絵は，一瞥するだけで読み物教材の状況や登場人物の心情を把握できるようにする力をもっている。場面絵や登場人物の絵を授業で活用する方法を紹介したい。

道徳的問題に関する場面への理解を深める

　子どもの多くは，絵を見ることがとても好きである。場面絵が出てくるだけで，授業への興味が高まってくる。
　教材の物語文を読んで考える時に場面絵を提示したり，そこに描かれている登場人物の表情に着目させたりすれば，その状況や心情の把握が容易になる。

また，登場人物ごとの絵を用意することで，複数の登場人物の心情を対比しながら考えるような構造的な板書を行うこともできる。
　近年はユニバーサルデザインの重要性が示されるようになった。読解力が低く，道徳的な問題を考えるまでに至らない児童を置き去りにせず，場面の状況や登場人物の心情の把握ができるよう，寄り添う姿勢を大切にしたい。
　ただし，カラーインクは高価であり，場面絵をたくさんカラー印刷することが難しい学校もある。複数の学級がある学年では，使った絵を学級ごとに交代で使ったり，次年度の教員へ引き継いだりすることで，公費の負担を減らすことにも配慮したい。

（中野　真悟）

教具のネタ&アイデア

82 映像を活用する

映像で児童の心に訴えかける

　映像は、文章や絵よりも多くの情報を児童に与えてくれる。動きのある映像を通して、初めて伝わってくることもある。主にテレビを用いて提示される映像を授業で活用する方法を紹介したい。

映像を扱う場合の注意点

　映像を通して、児童たちは多くの気づきを得ることができる。しかし、「テレビを見て感想を書いて終わり」では、道徳科の授業として成立しないこともある。映像はあくまで教具であり、それを用いたうえで、どのようなことを考えさせるのかを、きちんと構想しておく必要がある。

　ICT教育の立場から考えると、教室でインターネットに接続して、授業に活用する方法も考えられる。ただし、映像を教具として用いる時には、著作権に十分注意しなければならない。そもそもインターネット上では、著作権侵害をした動
画が違法に流されていたり、事実とは異なる情報が流されていたりする場合が多くある。インターネット上から無断で動画をダウンロードして見せるなど、子どものためによかれと思って行ったことが、第三者の権利を侵害することのないように気をつけたい。また、個人のプライバシーにも配慮する必要があるので、学校現場で行う活動として適切なのかを十分吟味した上で活用してほしい。

（中野　真悟）

教具 のネタ&アイデア

83 お面を役割演技に生かす

役割演技の意義と注意

「特別の教科　道徳」では，特質を生かすための多様な方法として，体験的な学習や役割演技などの疑似体験的な表現活動を取り入れた学習が挙げられている。学習する内容項目をより深く理解したり，自分との関わりで多面的・多角的に考えたりしようとする時，実際に読み物教材の道徳的場面における登場人物の役割を子どもたちが即興的に演技して考えることは，有効な方法である。

しかし，子どもたちに役割演技をさせる時，演技することに対しての心理的な抵抗が表れること，また観客となった子たちが特に非道徳的な役割を演じた子の人格をその子の人格そのものと同一視してしまうことには注意が必要であろう。役割演技において即興的に演技される役割は，あくまで仮想状況での仮の人格にすぎない。役割演技においては，役割分担と役割解除がきちんと誰の目にも見える形で行われることが望ましい。

役割を視覚化するためのお面

登場人物のお面は役割演技に際してしばしば利用される小道具であるが，読み物教材に登場する人物を即興的に役割演技する時，その登場人物のお面をつけての演技は，演じる子自身と観客となった子に対して，仮の人格

を担っていることを視覚化する。また，演技が終わった時にお面をはずすことはその役割を解除したという身ぶりであり，役割解除が目に見える形で学級全体に了解される。

（中橋　和昭）

教具 のネタ&アイデア

84 サケの飼育，放流を通して自然や動植物との関わりを考える

自然や動植物とのふれあい

　Dの視点に含まれる自然愛護という内容項目は，自分自身と自然，動植物との関係を考えるものである。しかし，自然環境の保護が地球規模の問題であるとしても，子どもたちにとっては身近な自然や動植物との関わりを通して，体験的に学びを深めなければ，それは抽象的な理解にとどまるだろう。

　学校や家庭，地域での，栽培や飼育の具体的な体験によって育まれる自然や動植物に対する豊かな情操という土台がなければ，子どもたちは自然や動植物との関わりを自分ごととして考えることはできない。

サケの飼育と放流

　全国各地の水産総合センターでは，サケの卵を人工ふ化して地域の河川に放流する事業に取り組んでおり，自然教育の一環として学校，あるいは個人にサケの発眼卵を配布し，卵の飼育と稚魚の放流の体験をさせてくれることも多い。

　サケは3～4年の間，1万数千キロの北方の海の旅をして，生まれ育った河川にもどり産卵をする。広い海を何年も旅し，生まれた川に帰ってくる生命の不思議，また，産卵場所となる身近な河川の環境に対する問題意識など，発眼卵の飼育から稚魚の放流まで実際に関わるからこそ，子どもたちは自分ごととして真摯に考えることができるだろう。

（中橋　和昭）

教具 のネタ&アイデア

85 海岸漂着物を通して，自然環境保護に対する関心を高める

環境保護の緊急性

　私たちの生活の基盤である自然環境の保護は世界的に喫緊の課題となっている。科学技術の発達や世界的な交通，交易の確立は，ある地域の環境問題が世界に影響を及ぼす可能性を開いており，行政のみならず，私たち一人一人が環境保護に対する意識を高める必要があろう。

　しかし，自然環境破壊の様子は子どもたちに具体的な状況を示さなければ，抽象的な理解にとどまって実践的な行動を伴うことはない。子どもたちに自然環境の保護を考えさせる際には具体的な事象を通して身近な生活から，世界へと視野を広げさせたい。

海岸の漂着物

　我が国は海を通して世界に開かれている。そして，海は世界の人々や物資が行き交う通路であり，また何より多くの生き物が住まうところでもある。そう考えれば，海洋汚染は私たち人間を含めた多くの生き物の生活を脅かす危機であると言えよう。

　海岸には，海や河川に投棄されたごみが多く漂着する。漁具だけでなく，ペットボトルや食品容器などの海岸漂着物を子どもたちに提示することで，私たちの生活に身近な物が海を汚していることに気づくだろう。また，漂着物の中には，外国から流れ着いたものも時折見られ，海が世界とつながっており，海洋汚染の問題が国際的なものであることの気づきが得られよう。

（中橋　和昭）

教具 のネタ&アイデア

86 ポスターを通して人権について考える

人権の身近さ

　領域としての「道徳」の時間が,「特別の教科　道徳」として教科化がなされた背景として,いじめ問題への対応がある。もとより,我が国の道徳教育の原理として「人間尊重の精神」と「生命に対する畏敬の念」が示されているように,一人一人の人間がもつ権利への配慮は道徳教育の根幹でもある。

　しかし,「人権」という言葉は,子どもたちにとって重々しく,そしてよそよそしく感じられるのではないだろうか。「人権」は子どもたちの生活の身近にあって,注意深く気遣われなければならない。「人権」にまつわる問題は子どもたちの日常にこそあるのだ。

人権啓発ポスター

　1948年12月10日,国際連合で「世界人権宣言」が採択されたことを期に,この日は加盟国で人権活動推進の諸行事を行うことが要請された。我が国でも法務省と全国人権擁護委員連合会が,12月4日から10日を「人権週間」と定め,全国各地で人権啓発活動が行われている。啓発活動の一環として,各自治体で人権啓発ポスターを作成したり,また,一般募集が行われたりする。そうし

たポスターの中には,身近な人権問題を題材としたものも多く,子どもたちはポスターが訴えるメッセージから,「人権」の身近さについて気づきを得られるだろう。例えば,2016年,愛知県が作成した「人権啓発ポスター」は,日常にある人権問題をわかりやすくえがき,話題となった。　　（中橋　和昭）

教具 のネタ&アイデア

87 写真集を通して，自然の美しさ，不思議さを感じ取る

自然の美しさ，不思議さと感動

　私たち人間は地球に生きる生き物の一員であり，自然環境との関わりなしに生きることはできない。人間が生活の豊かさを求めるあまりに自然や動植物に対して配慮を欠くことは傲慢であろう。

　自然を尊重する態度は，自然の美しさや不思議さに素直に感動するところから生まれる。そうした感動は本来，自然の中に身を置き，五感をいっぱいに使って様々な自然の様相を感じ取ることで得られるものであろう。しかし，そうした自然体験による感動は，子どもたち一人一人によって異なる。

　そのため，道徳授業では，共通の自然の美しさや不思議さについての感動を基盤として話し合わせることで，学級全体の自然愛護の学びを深めたい。

中谷宇吉郎と雪の結晶

　雪の研究で世界的に有名な科学者，中谷宇吉郎もまた，雪の結晶の美しさに対する感動が，本格的な雪の研究のきっかけであった。中谷宇吉郎は，北海道での雪の結晶の観測により，結晶の形状が天候と関係していることを突き止め，人工的に雪の結晶を作ることに成功した。そうした様々な雪の結晶は写真集などによって子どもたちに提示することができる。

　雪の結晶は，自然が作り出した美しい幾何学模様が特徴である。気温や湿度によって様々な形状をなす雪の結晶に子どもたちは自然の美しさ，不思議さについて気づきが得られよう。中谷宇吉郎による「雪は天から送られた手紙である」という言葉には，科学的な洞察だけでなく，自然からの美しく不思議な贈り物に対する中谷の素直な感動がこめられている。　　（中橋　和昭）

教具 のネタ&アイデア

88 すごろくで「和食」と年中行事を結びつける

「和食」の価値

　2013年にユネスコによって「和食；日本人の伝統的な食文化」が無形文化遺産に登録されたという出来事は，国内のみならず，世界的に「和食」が注目されるきっかけとなった。しかし，それは「和食」が他国の食文化と比較して食材の加工や調理の技法が優越しているからではない。

　ユネスコへの申請時の「和食」の事例が，餅つきやお節料理など正月行事の料理であったように，無形文化遺産登録は，「和食」が年中行事とかかわり，家族や地域の結びつきを強める社会的慣習として，その独自性と保護の必要性が国際的に認められた結果であることを私たちは自覚する必要がある。

　伝統文化を大切にするのは，そこに先人の思いや知恵がこめられ，多くの人々の努力によって，今も私たちの身近な生活に根づいていることによるのだ。

「和食すごろく」

　ユネスコの無形文化遺産登録を受けて，「和食」の保護・継承を図っている農林水産省は「四季を楽しむ和食すごろく」を作成した。このすごろくは，伝統的な「和食」とそれにまつわる年中行事が説明されており，子どもたちはすごろくで遊びながら，身近な「和食」の料理と年中行事の結びつきを学ぶことができる。（中橋　和昭）

出典：農林水産省

説話 のネタ＆アイデア

89 ことわざを生かす（十人十色）

こんな授業に…（低学年　A-(4)個性の伸長） ------------------

　個性の伸長は，自分のよさを生かし，自分らしさを発揮しながら調和のとれた自己を形成していくことである。友達など他者との交流の中で認め合える場を設定したい。ことわざや詩を紹介し，自分のよさに気づかせたい。

　みなさんは「十人十色」ということわざを聞いたことがありますか。十人いれば，その一人一人の顔や形が違うように，人はみなそれぞれ違った考えやよさをもっているというたとえです。

　この学級でも，歌が上手な人，スポーツが得意な人，本を読むのが好きな人，人を笑わせるのが好きな人，いろいろなことに気がつく人など，たくさんの人がいます。それぞれの人がそれぞれのよさをもっています。みなさんが一人一人違っていることが，とてもすばらしいことなのです。

　これからも自分のよさに気づいて，そのよさを伸ばしていってほしいと思います。

こんな場面でも… --

　中，高学年の授業での説話でも使える。ここでは，一人一人が違うことのよさと豊かさを伝えたい。他に，金子みすゞの詩「わたしと小鳥とすずと」を紹介して終わることも考えられる。また，B-(10)友情，信頼の授業でも使える。

（三ッ木　純子）

説話 のネタ&アイデア

90 ひたむきに取り組む姿を伝える

こんな授業に…（中学年　A-(5)希望と勇気，努力と強い意志） ---

　中学年になると，ゲームで勝敗のみに目が奪われ，そこに至るまでの努力が無視されてしまうこともある。そのような子どもに，努力する大切さややり抜く美しさを考えさせたいと願って伝える説話である。

　今日は，チアリーディングというスポーツを見たときの話をします。チアリーディングは，8〜16名の選手が協力しながらジャンプしたり，ダンスをしたりして，とても迫力のあるスポーツです。

　強豪チームは，高いジャンプ，高度な技やそろったダンス。すばらしい演技に感動です。ところが，少しずつ失敗するチームや下手な選手を応援したくなってきました。タワーを組むと崩れてしまったり，演技がばらばらになってしまったり…と。そんな優勝とは縁遠い演技レベルのチームなのに，魅力的でした。なぜかというと，何度も失敗してもあきらめず，笑顔で演技し続けていたからです。演技後のインタビューでも，最後まであきらめずに明るく演技をやり通せたことを喜んでいました。自分の力を発揮したことに喜びを感じていたのです。

　学校でも運動会やマラソン大会，大縄跳び大会などがあります。そんなとき，自分の目標に向かってやり通すこと，そしてやり遂げたとき，笑顔でがんばったと言える皆さんであってほしいと思います。それこそが本当の勝者だと思います。

（尾身　浩光）

第2章　「考え，議論する」道徳のネタ&アイデア100　◆　145

説話 のネタ＆アイデア

91 ていねいな言葉遣いを考える

こんな授業に…（低学年　B-(9)礼儀）

　よりよい人間関係を築くために，相手に対して真心がこもった気持ちのよい対応を心がけたい。挨拶や言葉遣いなどの具体的な振る舞いについて考えたあとに紹介したい詩である。

```
　　　うさぎ　　　　まど・みちお

ー うさぎでございます
と　いうように
うさぎの　ほうが
きちんと　すわるものだから

そらの　ほうも
のはらの　ほうも
きちんとして　むかえているよ
ー これは　これは
　うさぎさんですか…と
```

こんな場面でも…

　礼儀正しいうさぎの姿を想像しながら，ほのぼのとした雰囲気で終わるようにしたい。B-(7)思いやりの授業での活用も可能である。　　　（三ッ木　純子）

説話 のネタ&アイデア

92 考え，決定する力について AI を通して考える

こんな授業に… （高学年　A-(6)真理の探究） -------------------

　最近，話題になっている AI をもとに，人間との比較を通して、物事に興味や関心をもち、知的探求の意欲を喚起するすばらしさを感じる説話である。

　最近 AI という言葉が聞かれます。AI とは，人工学習機能を兼ね備えたコンピュータであり，囲碁や将棋では，プロ棋士に勝ったなどといったニュースを聞かれます。いずれは，「人間 VS コンピュータ」となったり，人間自体がものを「考える」ということをやめて，コンピュータに全て依存したりするようなことが起こるかもしれません。

　では，これから私たち人間が，コンピュータに勝るものは何でしょうか。私は，自分の頭で考えて創造したり，最終的に判断したり決定する力のように思います。その力を磨くために，自分でいろいろなことを工夫し，考え，進んで学習したり活動したりして，「知識」を得ようとします。しかしそれだけでは役に立ちません。知識を活用し，自分で工夫し，新たに考えることが大切であり，それが「知恵」なのです。「使える知識」とも言えます。これは，コンピュータにない人のみが獲得できる「よさ」とも言えるでしょう。多くのすばらしい科学者や偉人の知恵に学び，さらに，みなさんがつくり出してくれることを願っています。

（尾身　浩光）

第2章　「考え，議論する」道徳のネタ&アイデア100　◆　147

説話 のネタ＆アイデア

93 「友達っていいな」を感じる歌を歌う

こんな授業に…（中学年　B-⑽友情，信頼）

　友達関係が広がり，仲間集団での活動が盛んになってくる時期。明るく元気いっぱいに，みんなの声を合わせて授業を終わらせたい。

　元気　勇気　ちから　（エイミー・カワウチ　作詞／北方寛丈　作曲）
　※　｛さあ，冒険の旅を始めよう
　　　ようこそ　ぼくらの仲間に
　　　元気　勇気　ちからを合わせれば
　　　どんなことでもできるんだ
　　　　　朝早く起きたら　小鳥の歌を聞いてみよう
　　　　　準備ができたら　出かけよう　今日が待っている
　　　　　　泣きたくなったら　忘れないで　ひとりじゃない
　　　　　　くじけそうなときは　助け合おう　どんなときも
　※　（くりかえし）
　　　　一日の終わりに　思い出そうよ　楽しかったことを
　　　　隠された宝物　信じよう　いつか夢はかなう
　　　　　　優しさがあれば　仲間のために強くなれる
　　　　　　仲間がいるだけで　明日がとても楽しみになる

こんな場面でも…

　CDを聞かせたり，歌詞を一緒に読んだりしても楽しい。　　（三ッ木　純子）

説話 のネタ&アイデア

94 協力し合ったことで得たものを考える

こんな授業に…（高学年　B-(10)友情，信頼）-------------------

　ともに、男女が協力しやり遂げることで、異性のよさを理解し、信頼し合えるようになる。この説話は、実際にあった説話である。

　皆さんは，駅伝を知っていますか。チームのために，最後まで走り，襷を渡す姿に感動する方も多いのではないでしょうか。

　数年前，市内で小学校駅伝大会（男3人，女3人の6人チーム）が行われました。先生がいたN小は，長距離が得意な男子が少なく，女子は，こっそり「男子が弱いから，勝てないわ」などと言っていました。

　当日，スタートで飛び出した1走のT子は2位で，2走の男子に渡しました。すると，2走の男子も他の選手に追い抜かれることもなく，すいすいと走り，2位を守りました。「多くの応援でやる気を出せた。とてもうれしかった」と男子は言いました。みんなの応援のおかげで，実力以上の力を出せたと思います。もちろん女子も，最後まで応援を続け，見事3位でゴールしました。

　大会前は，「走りたくない。疲れるし，嫌だ」といっていた子どもたちが，「気持ちよく走れて，楽しかった」と言っていました。「男女が協力して励まし合う応援」が，実力以上の力を発揮させたのです。家への帰り道，みんなが駅伝で獲得したもの，それはみんなの「笑顔」でした。

（尾身　浩光）

第2章　「考え，議論する」道徳のネタ&アイデア100　◆　149

説話 のネタ&アイデア

95 「みんなのために」を実感する

こんな授業に…（低学年　C-(14)勤労，公共の精神）

　楽しく行っている仕事がみんなの役に立っていることを伝え，これからも続けていこうという気持ちにつなげたい。日常の児童の姿の説話である。

　昨日，用務員（学校業務員）の○○さんから，嬉しい話を聞きました。「先生のクラスの女の子2人が，掃除が終わった休み時間にいつも来てくれます。何をすると思いますか。クラスから出たゴミを私が1つにまとめていると，そのまわりをほうきで掃いてくれるお手伝いをしてくれるのです。今日だけではないのです。毎日来て，私と一緒にゴミの片付けをしてくれています。せっかくの休み時間だから，と私が言うと，『いいの，いいの』『楽しいんだもん』と言って，ちらかってしまう小さなゴミを集めてくれます。2人は本当に楽しそうに掃除をしてくれるので，2人の姿を見ているとこちらも嬉しく元気になるのです。」
　私は，このお話を聞いて，とても嬉しくなりました。楽しくお手伝いをしている2人が，素敵だなと思いました。他にも，このクラスには輝いているみなさんが，たくさんいますよ。また今度，紹介しますね。

こんな場面でも…

　学級の児童の姿を紹介することにより，より実践につながることを期待したい。C-(16)よりよい学校生活，集団生活の充実の授業でも活用できる。

（三ッ木　純子）

説話 のネタ&アイデア

96 「学校を愛する心」を考える

こんな授業に…
(中学年　C－⒃よりよい学校生活，集団生活の充実)

　高学年になると，活動範囲が広がり，地域社会との関わりも増えてくる。その地域の方から自分たちの行動が認められることによって，いっそう学校のよさに気づき，「学校愛」が高まる。本説話はそのような温かさがある。

　先日，ある方から校長先生のところに，手紙が届きました。そこには，「春らしい日差しのうれしい季節になりました。午後３時過ぎのことです。素敵な出来事がありました。私が，仕事をしていたところ，下校途中の女の子が，『こんにちは』と声をかけてくれました。

　『こんにちは。お帰り。どこまで帰るの？』　『○○です』

　『風が強いので，気をつけて帰ってね』　『はい』

　これだけの会話でしたが，私の心はとてもはずみました。通りすがりの人に挨拶するのは，勇気のいることだと思いますが，お子さんのさわやかな心や礼儀正しく，しっかりと受け答えができることも感心でした。」と書かれていました。

　私は，この手紙を読んで，とても心温まるものを感じました。皆さんが，学校以外でも優しさとさわやかさを伝えてくれたからです。皆さんの素敵な行為が，学校のすばらしさを伝えてくれたような気がします。

(尾身　浩光)

説話 のネタ＆アイデア

動植物の世話をイメージさせる

こんな授業に…（低学年　D-⑳自然愛護）

　子どもたちは，生活科の学習などを通して動植物の世話をしたり，直接触れ合ったりしている。実際に行っている植物の世話をイメージできる説話である。

　先生の家には，梅の木があります。梅の木は，私が子どもの頃からあるので，もう老木ですが，毎年たくさんの実をつけます。その実で梅酒や梅ジュース，梅干などを作って楽しんでいました。春には花が満開になり，とてもいい香りがします。うぐいすやメジロも花の香りに誘われてやってきます。みんな実がなるのを楽しみにしていました。

　花が咲き終わると葉がたくさん出てきます。毛虫もつくので，消毒をしなければなりません。そろそろ消毒をしなくてはいけないなと思っていたのですが，雨が多くて消毒ができませんでした。毛虫もいないようなので，いいかなと思い，何もしませんでした。ところが，夏の暑い時期に葉がどんどん落ちていきました。たいへんだと思ったときには，もう手遅れでした。よく見ると，幹にびっしりカイガラムシがついていました。梅の木を切らなくてはいけなくなりました。みんなが楽しみにしていた梅の木は，あっという間になくなってしまいました。

　植物は何も言いません。毎日見てあげていれば，虫がついたこともわかったはずなのに，悔やまれてなりません。

（三ッ木　純子）

説話 のネタ&アイデア

98 一人一人のよさを生かす

こんな授業に…（高学年　C-⒀公正，公平，社会正義）------

　人は，それぞれ個性があり，違いを認めるところから，公正，公平の心がはぐくまれる。誰しもよいところがあり，それを尊重し助け合うことで差別や偏見のない正義にあふれる社会が生まれることを願い，本説話を用いた。

　薬師寺を大改修した宮大工西岡常一さんは，「木を買わずに山を買え」と言っています。その理由は以下のようです。

　千年も立ち続ける建築物を維持するには，丈夫でたくましい材料（木）が必要です。しかし，それを選ぶ際，良木を一本ずつ探し，組み合わせても，長持ちしません。それよりも１つの山で育った木を買った方がいいというのです。同じ山からとれた木々は，形や大きさが違っても相性がとてもよく，大きな力を発揮させるということです。

　このクラスにもいろいろな友達がいます。顔も違えば，得意な教科，苦手な教科があります。自分の優れたところもあれば，逆に弱点もあります。中には，弱点が多い友達は，仲間に入れたくないと思うこともあるかもしれません。そのような時でも，よさを見つけ，協力することが大切です。それが，あたたかい学級や社会をつくるのです。どんな人にもよさを見て，分け隔てなく公正，公平に接する大切さを西岡さんが，教えてくれています。

※参考文献　西岡常一・ほか『木のいのち　木のこころ ─ 天・地・人』（新潮文庫）

（尾身　浩光）

第２章　「考え，議論する」道徳のネタ&アイデア100　◆　153

説話 のネタ＆アイデア

豊かに想像させる

こんな授業に…（中学年　D-(21)感動，畏敬の念）

　自然の美しさや気高いものに触れ，想像する力や感じる心を育てたい。この説話は，身近な「お月見」の話である。

　その昔，人々にとって自然は，今よりも身近なものでした。まだ電気のない時代，灯りと言えばろうそくかランプくらいです。長い夜の間，人々は虫の声や風の音に耳をすませたり，夜空をながめたりしたことでしょう。真っ暗な夜に輝く月の光は大きな喜びだったことと思います。そのような中から「お月見」や「月待ち」などの行事が生まれました。
　「お月見」は，もともと中国から伝わったもので，十五夜の月を『中秋の名月』（「芋名月」）と呼び観賞する風習が残っています。翌月の十三夜（「豆名月」「栗名月」）や十七夜，二十六夜などの月の出を待つ行事を「月待ち」といいます。月待ちには月が昇るまで座らずにいる「立待ち」，月が出るまで月の昇る方向に歩き続ける「迎え待ち」などがあり，秋の収穫をお祝いしたり，願いごとをかけたりすることもありました。また，昔の人は，月には何かが住んでいると見たようです。ウサギやカニ，ロバ，おばあさんなど月の模様からいろいろなものを想像しました。みなさんも昔の人を思いながらお月見をして，いろいろな想像をしてみてください。きっと何かを発見できる楽しい時間になると思います。

（三ッ木　純子）

説話 のネタ&アイデア

100 生命の神秘を感じさせる

こんな授業に…（高学年　D-⒆生命の尊さ）------------------

　高学年になると，「命の大切さ」について少しずつ理解が深まってくる。しかし，命の神秘性についてイメージしたり考えたりする経験は少ない。そこで，畏敬の念をもって自他の生命を慈しみ，尊重する気持ちを高めたいと考えた説話である。　　　　※参考文献　福岡伸一『動的平衡』木楽舎

　私たち人間は，生まれたとき１個の受精卵から始まり，それがいくつも分かれていきます。理科でも学習しましたね。その１つ１つを細胞と言い，それぞれが１から２個，２から４個，４個から16個と分かれ，最後には，何と約37兆個にもなるということです。

　いろいろと分かれていく途中，それぞれの役割が決まり，Ａという細胞は次第に「目」になったり，Ｂという細胞は，「脳」になったり，Ｃという細胞は，「手」になったりしていきます。しかし，Ａという細胞は，大きくなるといつも同じように「目」になるとは，限らないそうです。例えば，Ｄという細胞が，先に「目」になりそうになると，Ａという細胞は，「だったらぼくは，足になろう」と違った体の一部になっていくのだそうです。私たちの体をつくる細胞が，話し合うことはありませんが，自然に自分たちの役割を相談し合っているのです。無言での話し合い（会話）をしながら成り立っているのですね。

（尾身　浩光）

第2章　「考え，議論する」道徳のネタ&アイデア100　◆　155

おわりに

　義務教育における道徳科新時代の幕開けとなる2018年と符合するように，本書を企画・刊行することができた。第2章に紹介されている全国の実践家による具体的な指導事例はまさに珠玉の宝箱である。これらのアイデアやヒントを自分流にアレンジして活用するのは，日々の教室で子どもたちと向き合っている教師としての読者自身である。

　本書の指導事例から，そこで展開されている授業での子どもたちの「明確な学習課題」が読み取れるであろうか。一人一人の児童が，一人一人の生徒が「主体的・対話的で深い学び」を求めて瞳を輝かせている姿が瞼に浮かべられるであろうか。また，年間35時間の道徳科授業を重ねる中で，児童・生徒一人一人の道徳的思いがふくらんでくる様子が垣間見られるであろうか。道徳科授業の連続性や一貫性を考えた時，子どもたちの道徳的実態に軸足を置きながらどう計画的・発展的に指導すれば効果的な授業となるのであろうか。本書ではこのような問題提起の視点に立ち，根本から道徳科授業の在り方を問い直し，子どもたちにとって意味のある本来の道徳学習を実現するために道徳科授業をどう創ればよいのか，どうそれを効果的にマネジメントすればよいのか，そんな視点からアイデアそしてヒントとなる具体的な実践事例が紹介されている。そして，その先にあるのは，子どもはもちろん教師にとっても満ちたりた道徳科の未来予想図である。

　従前の「道徳の時間」においてその実効性が問われ続けてきた現実を踏まえながら，これから始まる道徳科では何かひとつでもよいから子どもたちの主体的な学びを引き出す方法を見つけ，自分らしい道徳科指導ができることを全国の教師に目指してほしいと願っている。教育は国家百年の計であり，道徳教育は平和で民主的な国家・社会の形成者を育むためのもといとなる場でもあるからである。だが，大勢の教師の中には「道徳なんて教育課程の一領域にすぎないからなんとかやりすごしておけば……」といった意識で向き

合ってきた人も少なくないのかもしれない。しかし，これからは道徳科で指導した学習成果を評価し，それをさらなる学びへと発展させる「指導と評価の一体化」が前提となった授業展開が求められるようになってくる。ならば，おざなりだった指導の現状を打開する有効な手立ては何か，子どもを主体的な学びに導くためにはどうすればよいのか，といった後手に回った対応から能動的な指導へと意識転換する好機と考えてもよいのではないだろうか。毎時間の指導に追い回されるのではなく，教師が子どもと協同しながら主体的な学習を生み出していくという学習指導観の転換が不可欠である。

　道徳科指導に自信がもてる教師となるためにはどんなことに留意すればよいのか，道徳科指導によって子どもたちが変容できるような未来志向的な授業にするためにはどんな指導方法の改善が必要なのか等々，大切な議論はここから始まるに違いない。本書で目指すのは，道徳科授業のオーソリティー，道徳科プロ教師を生み出すことではない。全国各地の学校で，全国各地の教室で，教師が自らの道徳科指導に気後れすることなく本気で子どもたちと向き合い，今を生きるひとりの人間として互いが自らの在り方や生き方を振り返ったり，語り合えたりするような道徳科授業空間を生み出す一助となることを願っての本書での提案である。まずは食わず嫌いになる前に，どのページからでも読み進めていただきたい。

　最後に，今般の小・中学校学習指導要領全面改訂では「主体的・対話的で深い学び」としてのアクティブ・ラーニングの導入が全ての教育活動に求められている。道徳科とて例外ではない。まさに道徳科移行という道徳教育新時代の幕開けにふさわしい授業観転換の契機でもある。新しい時代の追い風を受けながら，これからの道徳科をどうするのかというプロ教師としてのプライドと自信をもって臨んでいただきたい。その指南書となるような本書企画を提案してくださり，執筆機会を与えてくださった明治図書教育書部門編集部の茅野現さんに謝意を申し上げてページを閉じたい。

（田沼　茂紀）

【執筆者紹介】（執筆順）

田沼　茂紀	國學院大學人間開発学部長
小川　朋子	神奈川県川崎市立西梶ヶ谷小学校
龍神　美和	大阪府豊能町立東ときわ台小学校
尾崎　正美	岡山大学教育学部附属小学校
太田　晶子	岡山大学教育学部附属小学校
小泉　洋彦	千葉県柏市立名戸ケ谷小学校
鎌田　賢二	京都府京都市立桂川小学校
木原　一彰	鳥取県鳥取市立世紀小学校
門脇　大輔	兵庫教育大学附属小学校
遠藤　信幸	東京学芸大学附属小金井小学校
曽根原和明	東京都板橋区立上板橋第四小学校
萩野　奈幹	兵庫県加古川市立別府小学校
谷口　雄一	兵庫教育大学教職大学院
中野　真悟	愛知県刈谷市立日高小学校
中橋　和昭	石川県白山市立蕪城小学校
三ッ木純子	神奈川県川崎市立鷺沼小学校
尾身　浩光	新潟市総合教育センター

【編著者紹介】

田沼　茂紀（たぬま　しげき）
新潟県生まれ。上越教育大学大学院学校教育研究科修了。
國學院大學人間開発学部長。専攻は道徳教育，教育カリキュラム論。
川崎市公立学校教諭を経て高知大学教育学部助教授，同学部教授。2009年より國學院大學人間開発学部初等教育学科教授。2017年4月より現職。
日本道徳教育学会理事，日本道徳教育方法学会理事，日本道徳教育学会神奈川支部長。
主な単著，『人間力を育む道徳教育の理論と方法』2011年，『豊かな学びを育む教育課程の理論と方法』2012年，『心の教育と特別活動』2013年，『道徳科で育む21世紀型道徳力』2016年（いずれも北樹出版刊）。
その他の編著『やってみよう！新しい道徳授業』2014年（学研教育みらい刊），『「特別の教科　道徳」授業＆評価完全ガイド』2016年（明治図書出版刊），『小・中学校道徳科アクティブ・ラーニングの授業展開』2016年（東洋館出版社刊），『中学校道徳アクティブ・ラーニングに変える7つのアプローチ』2017年（明治図書出版刊），『道徳科授業のつくり方』2017年（東洋館出版社刊），小学校編・中学校編分冊『指導と評価の一体化を実現する道徳科カリキュラム・マネジメント』2017年（学事出版刊）等。

道徳科授業のネタ＆アイデア100　小学校編

2018年3月初版第1刷刊 ©編著者	田　沼　茂　紀	
発行者	藤　原　光　政	
発行所	明治図書出版株式会社	

http://www.meijitosho.co.jp
（企画）茅野　現（校正）宮森由紀子
〒114-0023　東京都北区滝野川7-46-1
振替00160-5-151318　電話03(5907)6701
ご注文窓口　電話03(5907)6668

＊検印省略　　組版所　長野印刷商工株式会社

本書の無断コピーは，著作権・出版権にふれます。ご注意ください。

Printed in Japan
JASRAC 出 1715291-701
ISBN978-4-18-223218-3
もれなくクーポンがもらえる！読者アンケートはこちらから →

道徳の評価がすべてわかる1冊！記入文例付きでお届け

「特別の教科 道徳」授業＆評価完全ガイド
―通知表の記入文例付

田沼茂紀 編著

●B5判 ●144頁 ●本体2,300円+税 ●図書番号1991

道徳が教科となり「評価」が話題になっています。本書は、「そもそも子どもの心を評価してよいの？」という根本的な問題の解説から、定番教材を用いた授業と評価の実践アイデア、通知表等へ記入する際の文例までを取り上げた、まさにパーフェクトな道徳評価解説本です！

新学習指導要領のねらいを具体化するパーフェクトガイド

平成28年版
新学習指導要領の展開 特別の教科 道徳編

小学校　永田繁雄 編著
中学校　柴原弘志 編著

●A5判
●208頁
●本体1,900円+税
●小学校：図書番号2711
●中学校：図書番号2731

新学習指導要領の内容に沿いながら、教科書や評価といった道徳改訂のキーポイントについて詳しく解説。また、内容項目ごとの指導ポイントや問題解決的な学習を生かした新たな授業プランも掲載。

明治図書　携帯・スマートフォンからは 明治図書ONLINEへ 書籍の検索、注文ができます。▶▶▶

http://www.meijitosho.co.jp ＊併記4桁の図書番号（英数字）でHP、携帯での検索・注文が簡単に行えます。
〒114-0023 東京都北区滝野川7-46-1 ご注文窓口 TEL 03-5907-6668 FAX 050-3156-2790

＊価格は全て本体価格表示です。